AF397446

Claus Bork

Drachenreich

Herausgegeben vom gleichen Autor:
(Im Dänemark, Dänisches Sprache und Deutschland)

Kinderbücher:
Das Schlangenauge – 1985 (DK)
Der Meister von Glaur – 1985 (DK)
König Atlon vom Regenbogen – 1985 (DK)

Jugendbücher:
Der Schwarze Sigurd – 2015* (Deutsch)
Black Mac – 2015 (Englisch)
Land hinter den Nebeln – 2015* (Deutsch)
Drachenreich – 2015* (Deutsch)
Die Kinder der Wellen – (August 2015** Deutsch)
Djin – (August 2015** Deutsch)
Die Tore nach Rana – (August 2015** Deutsch)
Muffys Gesetz – 1998 (DK)

Romane für Erwachsene:
DEER – 2015* (Deutsch)
Das abenteuerliche Karaganda – 2015* (Deutsch)
WTC-gate – 2015 (DK)
WTC-gate – (August 2015**) (Englisch)

***) Publiziert in Deutschland**
**) Geplante Deutsche Veröffentlichung

Liv, Casper, Sebastian, Jesper, Sixten, Lotus und Filippa
gewidmet.

Der Schwarze Sigurd:
Jespers Freund aus Abenteuerland. Ein denkender, sprechender, schelmischer Freund.

Jesper Aksel Bergmann:
Ein sogenannter, ganz gewöhnlicher Junge von elf Jahren.

Henrik S. Sørensen:
Ein sogenannter, ganz gewöhnlicher Junge von elf Jahren.

Merlin:
Der Zauberkönig aus Abenteuerland.

Archimedes:
Merlins kluge Eule.

Khanpur:
Das Land hinter dem Haus, hinter dem Tunnel, hinter den listigen Drachen.

Holte:
Eine ganz gewöhnliche Vorstadt von Kopenhagen.

Kartzan:
Der alte Drachen mit den bösen, bösen, bösen Augen.

Zola:
Der junge, listige Drache.

Trefino:
Der Zauberer am Hof von Khanpur.

Sir Lanzelot:
Der Drachenritter über allen Drachenrittern.

Sir Gawain:
Der verchromte Ritter aus Abenteuerland.

Der einsame König:
Der König vom Rosengarten, im Land hinter den Nebeln.

Der Hund mit den Augen so groß wie Teetassen:
Ein Hund, der tausende von Meilen in der Zeit zurücklegen kann.

Einleitung

Jesper Aksel Bergmann saß bequem ausgestreckt auf der Kante eines Stuhls, mit den Ellbogen auf dem Tisch und mit einer Hand das Kinn stützend. In der anderen Hand hielt er einen Bleistift, mit welchem er kleine Schnörkel in sein Rechenheft zeichnete, statt der Zahlen, die dort stehen sollten.

Es war Sonntagnachmittag.

Die Uhr hatte sich inzwischen bis halb vier geschleppt, und immer noch nieselte der Regen draußen. Es war kurz gesagt ein grauer, trister und langweiliger Tag.

"Ich hasse Schularbeiten," dachte Jesper Aksel Bergmann bei sich.

Seine Mutter, die auf dem Sofa saß und strickte, hob den Blick von den Nadeln und sah ihn mißbilligend an.

"Konzentrier dich jetzt," sagte sie. Es war nicht das erste Mal am Nachmittag, daß sie das sagte. Sie war spürbar gereizt.

"Warum muß ich das spezifische Gewicht lernen?" fragte er.

Seine Mutter seufzte. "Weil..." begann sie und holte tief Luft. "Weil es nützlich für dich ist zu lernen. Darum!"

Jesper sah mit einem verträumten Blick aus dem Fenster. "Ich will leben, ohne an so ein spezifisches Gewicht, Brüche oder Prozente zu denken!" flüsterte er trotzig.

Etwas später kam sein Vater nach Hause. Sie hörten ihn die Füße hart auf dem Fußabtreter abwischen, draußen vor der Waschküchentür, und darauf seine trockene Feststellung, als er seine Jacke zum Trocknen aufhängte: "Verdammt, wie das regnet..."

"Das ist mein Vater," dachte Jesper Aksel Bergmann. "Er hat es weit gebracht in diesem Leben, denn er liebt die Bruchrechnung."

Die Tür ging auf und der Vater trat ein. Er klatschte in die Hände und sagte vergnügt: "Aber freut euch, es ist ein Hochdruckgebiet auf dem Weg."

"Ich will lieber gar nicht wissen, was ein Hochdruckgebiet ist..." dachte Jesper.

"Wie geht es mit den Rechenaufgaben?" fragte sein Vater und lehnte sich über den Tisch. Dann erstarrte er gleichsam, runzelte die Brauen und räusperte sich. "Aber - du hast ja noch nicht einmal angefangen?"

"Ja, ich bin," seufzte Jesper. "Ich hab' nur die übersprungen, die ich nicht 'rauskriegen kann."

"Das... das sind ja alle!" stöhnte sein Vater.

"Tjah..." murmelte Jesper und dachte an den Schwarzen Sigurd und Merlin und Archimedes und Tinga.

"Und ich, ich habe ein Geschenk für dich gekauft," zischte sein Vater enttäuscht.

"Am Sonntag?" fragte Jesper mißtrauisch.

"Ich hab es gestern gekauft," knurrte sein Vater, der sich absolut nicht darum kümmerte, wenn seine Worte in Zweifel gezogen wurden. Er dachte etwas nach. Dann hellte sich sein Gesicht auf, und er sagte: "Aber du kannst es trotzdem bekommen."

Es war etwas Abwesendes in seinem Blick, was Jesper beunruhigte. Er mußte auf irgendeine furchtbar ausgeklügelte Idee gekommen sein, dachte er.

Der Vater drehte sich und ging leise summend in die Küche.

"Du sollst es trotzdem bekommen," rief er über die Schulter. "Ha, ha..." lachte er." Ja, du sollst es haben, mein lieber Junge."

Jetzt war Jesper Aksel Bergmann ernstlich auf der Hut. Er betrachtete den Vater mit zusammengekniffenen Augen, als dieser mit einem großen, hübsch eingepackten Karton in den Händen zurückkkam.

"Bitteschön, mein Junge. Von deiner Mutter und mir für unseren tüchtigen Jungen, der so fleißig in der Schule ist."

Die Mutter hatte sich erhoben und fasste den Vater an der Hand, während sie, mit einer Stimme, die vor Sorge bebte, fragte: "Geht es dir auch gut, lieber Hermann?"

Der Vater lachte und blinzelte schelmisch Jesper zu, der dastand und das Paket hielt, als ob es eine Bombe mit Zeitzünder wäre, die jeden Augenblick hochgehen konnte.

"Mir geht es prächtig," rief sein Vater mit Nachdruck. "Ganz und gar prächtig. Pack es jetzt aus, mein kleiner Freund."

"Ich bin nicht klein!" sagte Jesper Aksel Bergmann und schob das Kinn vor.

"Nein," sagte der Vater lächelnd und hob mahnend einen Finger in die Luft. "Du bist ein großer, tüchtiger, wohlerzogener und strebsamer Junge."

"Hm," murmelte Jesper und wog das Paket in den Händen. Aber da er ja auch einer der neugierigsten Jungen der Welt war, oder zumindest in Holte, begann er sofort danach, es auszupacken.

"Eine Sodawassermaschine!" Jespers Stimme hatte einen schrillen Unterton vor lauter echter Freude.

"Aber, Hermann..." begann die Mutter.

"Ruhig, meine Liebe, ruhig..." Der Vater klopfte beruhigend ihre Hand. "Ich bin ein pädagogisches Genie - nichts weniger," behauptete er selbstzufrieden.

Sie standen lange und sahen ihn an, seine Eltern. Die Mutter mit allen Anzeichen von Verwirrung im Gesicht, der Vater mit einem Ausdruck, so listig und falsch, wie ein Fuchs.

"Wollen wir sie zusammensetzen?" fragte Jesper.

Der Vater lächelte nur.

"Dann können wir etwas Sodawasser machen?" blieb Jesper dabei.

Sein Vater lehnte sich zu ihm und pflanzte seinen Zeigefinger direkt auf seine Nase.

"Du kannst sie selbst zusammensetzen, mein großer, tüchtiger Junge."

"Nun hat er mich," dachte Jesper Aksel Bergmann.

"Aber, Hermann..." begann die Mutter.

Der Vater brachte sie mit einer einzigen Handbewegung zum Schweigen. "Ruhig, meine Liebe. Die Sache ist in den besten Händen - ich bin ein pädagogisches Genie, vergiß das nicht!"

"Die Sache..." dachte Jesper. "Ich bin eine Sache!"

Der Vater lächelte ihm zu, nahm den Karton aus seinen Händen, stellte ihn vor sich auf den Tisch und öffnete ihn. Darauf zog er ein Stück Papier hervor, das er feierlich hochhielt in die Luft, damit alle es sehen konnten.

"Dieses, mein Junge, ist eine Gebrauchsanweisung." Seine Stimme überschlug sich fast vor lauter Begeisterung.

"Gott bewahre..." dachte Jesper Aksel Bergmann.

Der Vater blätterte in ihr. "Sieh, zuerst..."

Jesper dachte nach, daß es knackte. Er hörte fast nichts von all dem, was sein Vater aus der Gebrauchsanweisung erklärte. Er dachte nach und spekulierte, bis er eine Idee hatte.

"Das ist ja etwas mit Strom," sagte er dann, sehr vorsichtig. "Da dürfen Kinder gar nicht mit 'rumfummeln!" Er wandte sich nur an seine Mutter.

"Kinder sterben, wenn sie einen Schlag kriegen," setzte er mit einer Stimme fort, die vor unterdrücktem Schrecken bebte. Gleichzeitig sah er sie mit den treuherzigsten Augen, die ein 'kleiner' Junge machen konnte, an.

"Hermann!" Seine Mutter griff den Vater am Arm. "Es ist vielleicht doch das Beste, wenn du die Maschine zusammensetzt."

Der Vater starrte sie wie erschlagen an. "Aber, aber..." begann er.

"Das pädagogische Genie..." dachte Jesper Aksel Bergmann und atmete erleichtert auf.

Sein Vater betrachtete die Sodawassermaschine und suchte nach einem Weg aus dieser unerwarteten Niederlage.

"Na, aber es eilt ja auch gar nicht - sie läuft ja nicht weg," flüsterte er dann. Eine neue Idee hatte in seinem undurchschaubaren Gehirn Form angenommen, und wieder bekam er diesen siegesgewissen Glanz in den Augen.

Jesper leckte sich nervös die Lippen. Jetzt war er es wieder, der die Kurve kratzen mußte. Jetzt oder nie!

"Dann liegt sie irgendwo 'rum und schlägt Wurzeln, und dann sind alle Schrauben weg," sagte Jesper, fast einfach so dahin.

"Na, na, na..." rief sein Vater aus. Selbst seine Mutter betrachtete ihn mit einem strengen Zug um den Mund. Aber ihm war der Triumpf sicher.

"Genau, wie der Rasenmäher, Mutter..." sagte Jesper, mit einer von Tränen erstickter Stimme.

Das gab den Ausschlag. Das war das Stichwort, und schon während er es sagte, wußte Jesper, daß er sie geschlagen hatte. Die Mutter betrachtete das Gras draußen in dem nieselnden Regen.

Das Gras, das nun einen halben Meter hoch im ganzen Garten stand.

"Ich werd' dir helfen," schienen die Augen seines Vaters zu sagen, worauf er sich in Gang setzte, die Maschine zusammenzubauen.

"Hm, naja..." seufzte seine Mutter und ging zurück zu ihrem Strickzeug.

Als sie fertig auf dem Küchentisch stand, strahlend und funkelnd in ihrer weißen Plastikhaube, rief sein Vater nach ihm.

"Sieh," sagte er stolz. "Hübsch nicht?"

Jesper mußte zugeben, daß sie hübsch war. Aber er dachte mehr an das blubbernde, frische Sodawasser, das in einem kurzen Augenblick heraussprudeln würde, in unfaßbar großen Mengen.

"Lies hier," sagte sein Vater und zeigte auf ein goldenes Schild an der Seite der Maschine. "Kindersicher," sagte er ungeduldig. "Kann von Kindern jeden Alters bedient werden."

"Schön," sagte Jesper. "Ich starte mit etwas Cola, glaub ich, und hinterher gurgele ich etwas Grapefruit-Tonic 'runter"

Sein Vater lächelte so seltsam. Jesper wußte, daß ein neues Hindernis im Weg war. Vor ihm auf dem Tisch lag eine Kohlensäurepatrone und verschiedene, kleine Flaschen mit Essenzen. Jesper las auf ihnen, während der Vater die Kohlensäurepatrone montierte.

"15-20 Prozent Essenz pro Einheit Wasser. Was ist Prozent?" fragte Jesper.

"Das mußt du doch wissen," sagte sein Vater, der gleichzeitig einem großen Fragezeichen glich. Er lehnte sich zu Jesper hinunter.

"Oder hast du vielleicht in den Rechenstunden nicht aufgepasst, mein lieber Junge?"

"Jetzt hat er mich wirklich!" dachte Jesper Aksel Bergmann.

"Funktioniert sie?" hörten sie seine Mutter aus der Stube rufen.

"Wer zuletzt lacht, lacht am besten," zischte sein Vater und verließ die Küche.

"Alles Unglück dieser Welt!" dachte Jesper, und da stand er nun, vor einer funkelnden, neuen Sodawassermaschine, mit allem, was man brauchte, um perlendes, sprudelndes Sodawasser zu machen - und konnte es nicht tun, weil er nicht wußte, was Prozente waren.

Sein Vater kicherte in der Stube. Er hörte auch die Stimme seiner Mutter. "Was ist so amüsant, Hermann?" Aber es kam keine Antwort. Nur eine Reihe unartikulierter Laute und ein hicksendes Kichern.

Das erste Mal in seinem elfjährigen Leben ärgerte sich Jesper Aksel Bergmann, daß er nie in der Schule aufgepasst hatte. Aber er war ein sehr, sehr dickköpfiger Junge.

"Ich mach mir eigentlich gar nicht so viel aus Sodawasser," dachte er und ging in sein Zimmer hinauf.

Zola

Am nächsten Tag, als er auf dem Weg zur Schule war, war er ernstlich böse. Die Sodawassermaschine hatte mitten auf dem Küchentisch gestanden und ihn angegrinst, als er sein Essenspaket holte.

Zehn Minuten nach neun kurvte er beim Fahrradständer um die Ecke und überquerte den Rasen zum Eingang des Schulhofes. Alle anderen waren längst in die Klassen hochgegangen. Er kam zu spät, wie immer. Gerade als er durch das Tor schritt, rief ihn jemand.

"Hey, Winzling..."

Jesper reagierte normalerweise nicht auf Worte wie Winzling oder klein, aber etwas an der Stimme brachte ihn dazu, es doch zu tun.

Er blieb stehen und drehte sich um. Es war ein großer Junge. Er stand an einen gemauerten Pfeiler am Tor gelehnt, mit den Armen über der Brust gekreuzt. Er hatte eine Schirmmütze nachlässig in den Nacken geschoben und in seinem Mundwinkel baumelte eine Zigarette.

"Man kommt wohl zu spät, was?" sagte der Junge.

"Hm," nickte Jesper Aksel Bergmann. Irgendetwas war an dem Jungen. Etwas gleichzeitig Anziehendes und gefährliches.

"Bist du auch zu spät gekommen?" fragte Jesper. Es schien ihm nicht, daß er den Jungen überhaupt schon einmal gesehen hatte.

"Ha..." rief der große Junge, nahm einen tiefen Zug aus der Zigarette und schnippte sie mit zwei Fingern ins Gras.

"Leute von meinem Kaliber gehen, verdammt nochmal, nicht in die Schule, Mann," spottete er.

"Was bedeutet Kaliber?" fragte Jesper.

"Sag mal, hast du das nicht in der Schule gelernt?" fragte der Junge mit gerunzelten Augenbrauen.

Jesper steckte die Hände in die Seiten. "Ich passe nicht auf in den Stunden," antwortete er. "Ich setz nur meine Füße in die Schule, weil meine Eltern mich dazu zwingen."

"Halts Maul," sagte der Junge und kam näher. "Das ist wirklich stark, Mann!"

"Er ist tatsächlich ein netter Kerl," dachte Jesper.

"Rauchst du, Kleiner?" Der Junge hielt ihm eine Packung Zigaretten unter die Nase.

"Äh, nee, oder danke..." antwortete Jesper und hielt abwehrend die Hände vor sich.

"Das lernst du, nur ruhig," sagte der Junge verständnisvoll und spuckte auf den Asphalt. "Wie heißt du, übrigens?"

"Jesper Aksel Bergmann," antwortete Jesper.

"Na ja, da kannst du ja nichts für," sagte der Junge und biß sich auf die Lippen. "Das ist auch die Schuld deiner Eltern. Genau wie all die anderen Unglücke in deinem Leben, an denen sie Schuld sind."

"Was für Unglücke?" fragte Jesper und versuchte, die flapsige Art des anderen zu reden nachzuahmen.

"Denk nach, Mann. Die Schule - in die du dich jeden Tag schleppen mußt; der Abwasch, das Aufräumen des Zimmers - nur um einige Beispiele zu nennen."

"Tjah..." seufzte Jesper. Da war ja etwas dran, wenn man es auf diese Weise serviert bekam.

"Und dann das, mit der Sodawassermaschine..." flüsterte der Junge und beobachtete ihn aus dem Augenwinkel.

Jesper schrak zusammen. "Woher weißt du das ?"

Der Junge zündete sich noch eine Zigarette an und nahm einen tiefen Zug. "Ähh..." murmelte er und sah in den Himmel. "Sowas weiß ich eben einfach." Der Rauch dampfte zwischen den Lippen heraus, als er sprach.

Jesper Aksel Bergmann war sichtlich imponiert.

"Nee, du, ich kenne einen Ort, wo es einfach toll ist," sagte der Junge beiläufig.

"Na..." antwortete Jesper und versuchte, nicht allzu interessiert zu wirken. Der Junge wandte ihm die Seite zu, aber betrachtete ihn aus dem Augenwinkel, ohne daß er es bemerkte. Er blies Rauchringe in die Luft und sah sie über den Rasen hinwegsegeln.

"Wo ist es?" fragte Jesper zuletzt.

"Wo ist was?"

"Der tolle Ort," sagte Jesper vorsichtig.

Der Junge drehte sich wieder zu ihm. Dann lächelte er breit, sodaß er seine langen, gelben Zähne entblößte. Und es glühte in seinen Augen, vor Erwartung.

"Es ist ein Land," sagte er. "Ein Land, wo man verflucht nochmal machen kann, was man will - und wenn dort einer sagt, man soll das eine oder andere tun, dann..."

Er hielt in seinem Wortschwall inne und betrachtete die Zigarette zwischen seinen Fingern.

"Was dann?"

Der Junge lehnte sich zu ihm und sagte mit tiefer, drohender Stimme: "Dann bittet man ihn, einem den Puckel 'runterzurutschen!"

Er war gefährlich, dieser Junge, dachte Jesper. Aber es war toll, ihn als Freund zu haben. "Wie heißt das Land?"

"Khanpur," sagte der Junge. "Jedes Jahr am St. Hans-Tag verbrennt man alle Schulbücher, die es gibt."

'Wahnsinnig,‘ dachte Jesper. "Aber - woher kommen denn so viele?"

"Was, so viele?"

"Viele Bücher," sagte Jesper. "Wenn man erst alle verbrannt hat, woher kommen dann noch so viele?"

Der Junge drehte sich blitzschnell und stach ihm mit einem Finger auf die Brust.

"Jetzt sei du nicht so verdammt schlau, denn sonst kommst du nicht mit, verstanden?"

Jesper nickte. Es konnte auch egal sein, das mit den Büchern. Hauptsache war, daß er mitkommen durfte.

"Ich muß nur um vier zu Hause sein," sagte er. Denn dann ist die Schule vorbei, und dann hat meine Mutter Tee für mich gemacht, wenn ich nach Hause komme."

"Ja... ja," sagte der Junge und spuckte wieder. "Selbstverständlich, Macker."

Jesper lehnte seine Schultasche gegen den Pfeiler am Eingang zum Schulhof.

Dann geschah es, daß, gerade als sie losgehen wollten, Henrik hinunter auf den Schulhof kam. Er entdeckte Jesper und rannte los.

"Warum kommst du nicht nach oben?" fragte er keuchend, als er sie erreichte.

"Wir wollen nach Khanpur, ich und mein Freund," sagte Jesper begeistert.

"Was für ein Freund?" fragte Henrik. "Da ist doch nur der da."

Der Junge betrachtete Henrik mit skeptischer Miene.

Jesper nahm Henrik am Arm und zog ihn vor den fremden Jungen. "Das hier ist mein bester Freund - Henrik. Und..." Er dachte einen Augenblick nach. "Wie heißt du, übrigens?"

"Zola," antwortete der Junge ungeduldig. "Willst du mit, oder was?"

"Wo war es, wo ihr hinwollt?" fragte Henrik, der Zola über den Rand der Brille betrachtete.

"Das geht dich nichts an," sagte Zola mürrisch.

Henrik glotzte ihn gaffend an. Jesper zog Henrik zur Seite, um weiteren Krach zu vermeiden. "Du kannst auf meine Schultasche aufpassen," flüsterte er und schob Henrik zur Tasche.

"Wir wollen nach Khanpur," flüsterte er, als sie etwas weiter von ihm wegstanden.

"Nie gehört von dem Ort," murmelte Henrik, der immer noch etwas empört war.

"Jetzt geh ich also," rief Zola und wandte sich zum Gehen.

"Ich hau ab," sagte Jesper. Vergiss nicht, auf meine Tasche aufzupassen. Ich komme um vier wieder."

"Bist du sicher, daß das klug ist?" protestierte Henrik.

"Ja, bist du verrückt," flüsterte Jesper. "Beruhige dich bloß, ich hab die Kontrolle über die Situation."

Er hinterließ Henrik die Schultasche und rannte hinter Zola her, der schon ein gutes Stück auf dem Bürgersteig voraus war.

Henrik blieb zurück und betrachtete sie, als sie den Weg überquerten und in den Wald gingen. Während er sie zwischen den Bäumen verschwinden sah, schlich sich ein unerklärliches Gefühl in ihn; daß Jesper lieber hätte bleiben sollen, und daß ein fremder Junge dabei war, ihn in etwas gefährliches hineinzulocken. Er kannte ja Jesper Aksel Bergmann und seinen großen Appetit auf Abenteuer, und er kannte fast alle Einzelheiten von seiner Reise nach Abenteuerland und seiner Begegnung mit dem Schwarzen Sigurd. Außerdem wußte er von Jespers Erlebnissen in Hanwayan - dem Land hinter den Nebeln, wo es ja auf keine Weise gemütlich abgelaufen war. Fast im Gegenteil.

"Das muß aufhören," dachte Henrik plötzlich. "Es kann nicht immer gut enden." Er ließ die Schultasche Schultasche sein und rannte los - den Bürgersteig hinunter, über den Weg hinüber und weiter in den Wald, gerade da, wo er sie verschwinden gesehen hatte.

Er lief weiter auf dem Wald Pfad mit atemberaubenden Tempo. Er bekam Seitenstiche aber bemerkte sie kaum. Er lief so schnell er konnte, und während er lief war er sich mehr und mehr sicher, daß etwas faul war - total faul. Er hielt einen Augenblick an und blieb unbeweglich stehen in der dunklen Finsternis unter den gewaltigen Kronen der Bäume. Er lauschte mit angehaltenem Atem, während er zwischen die Stämme spähte.

Aber alles, was er hörte, war sein eigenes, wild hämmerndes Herz, und das sanfte Rauschen des Windes in den Baumkronen.

Er ging etwas weiter den Pfad hinunter, ohne auch nur die geringste Spur von ihnen zu finden. Zuletzt gab er widerstrebend auf und ging zurück zur Schule und zu Jespers Tasche, die immer noch vor den Pfeiler geworfen dalag.

Der Schwarze Sigurd

Gerade als er die Tasche hochnahm, um sie mitzunehmen, fing einer an mit ihm zu sprechen.

"Wie geht's?" zischte eine rauhe Stimme. Henrik drehte sich schnell um und entdeckte ihn.

Auf dem Schild: 'Rasen betreten verboten' saß der Rabe Schwarzer Sigurd und betrachtete ihn, mit leicht schrägem Kopf.

Henrik ließ die Schultasche mit einem Rums auf die Erde fallen und ging mit einem Seufzer der Erleichterung auf den Raben zu. "Sigurd, wie ist es gut, daß du kommst. Du ahnst ja nicht, wie froh ich bin, dich zu sehen."

Nun war Sigurd ja ein schwarzer Rabe und konnte nicht erröten, aber selbst wenn er es gekonnt hätte, wäre er es wohl nicht geworden. "Ruhig, mein Junge," krächzte Sigurd. Er schob die Brust vor und setzte fort: "Man kann sich auch quälen vor lauter Wiedersehensfreude."

Henrik warf einen Blick auf den Wald.

"Wo ist der kleine Wildfang hin?" fragte Sigurd, während er von dem Schild hüpfte und im Gras herumstolzierte.

"Ja aber, das ist es ja gerade..." Weiter kam Henrik nicht.

"Ich weiß es!" sagte Sigurd und hob einen Flügel in die Luft.

"Er sitzt über seine Schulbücher gebeugt oben in der Klasse, der liebe, pflichtbewußte Junge - während du nach hier unten abgehauen bist."

Es war ein tadelnder Unterton in Sigurds letztem Satz. Der Rabe sah Henrik streng an und zeigte mit einer Flügelspitze auf ihn. "Du mußt dich zusammennehmen, mein Junge - wenn du etwas in diesem Leben werden willst."

"Aber, ja aber..." begann Henrik.

Der Schwarze Sigurd erhob sich auf seinen krummen Zehen und fühlte sich sehr, sehr erwachsen. "Laß dir Jesper Aksel

Bergmann ein gutes Beispiel sein!" ermahnte Sigurd mit samtweicher Stimme.

"Jetzt ist es genug," dachte Henrik.

"Ich bin ein pädagogisches Genie," dachte Sigurd. "Mit aller Bescheidenheit, natürlich."

Zu Henrik sagte er: "Geh nun zurück in deine Klasse, mein Junge. Ich warte hier auf Jesper, dann kann ich mir die Zeit damit vertreiben, ein paar Würmer zu suchen." Sigurd stolzierte schon herum, mit seinem steifen Blick fest auf das Gras vor ihm gerichtet.

"Sie schwänzen!" rief Henrik verzweifelt, jetzt, wo der Rabe endlich still war.

"Die Würmer?" fragte Sigurd ungläubig.

"Nein, nein! Jesper und der, dieser andere Junge, den ich nie vorher gesehen habe!"

Der Schwarze Sigurd erstarrte mitten in einem Schritt. "Schwänzen?"

"Sie gingen 'rüber in den Wald," sagte Henrik und zeigte.

Sigurd nahm die Flügel an die Seiten und sagte vorwurfsvoll: "Warum hast du das nicht gleich gesagt?"

"Ich konnte ja kein Wort sagen," protestierte Henrik.

"Genug davon." krächzte Sigurd. "Wer ist der Junge?"

"Er heißt Zola," flüsterte Henrik fast. "Er war ein richtiger Flegel - er spuckte die ganze Zeit."

"Spuckte?"

"Und er rauchte auch Zigaretten!" setzte Henrik verärgert fort.

"Ach, du lieber Merlin!" rief Sigurd aus.

"Sie wollten auch in ein anderes Land," sagte Henrik aufgebend.

Sigurd erbleichte fast, mitten in all seinen schwarzen Federn. "Ein anderes Land?"

"Ja," sagte Henrik mit einer Stimme, die drohte, sich zu überschlagen. "Es heißt Khanpur."

Der Schwarze Sigurd vergaß plötzlich alle Würmer. Er stand mitten im Gras, als wäre er vom Blitz getroffen. "Nein!" stöhnte er heiser.

"Doch," stöhnte Henrik. "Du mußt ihn finden, Sigurd."

"Es geht um Leben und Tod," jammerte Sigurd. Er hob vom Gras ab und flog mit einer scharfen Kurve über seine linke Schulter. Er hatte sich wohl eigentlich gedacht, in den Wald hinüber zu fliegen, aber flog jetzt direkt gegen das Schild: "Rasen betreten verboten".

"Dong!" ertönte es hohl. Henrik eilte hin zu Sigurd, der durch das Gras purzelte, das nicht betreten werden durfte.

"Hast du dich gestoßen, Sigurd?"

Sigurd saß im Gras, auf die Flügel gestützt, die er zu den Seiten weghielt, und schüttelte mit dem Kopf.

"War das ein Bus?" murmelte er schockiert.

"Nein, Sigurd - das war das Schild: " Rasen betreten verboten".

"Wie tief man sinken kann?" dachte Sigurd flau.

'Verrückter Vogel,' dachte Henrik.

"Warum hatte ich es so eilig?"

"Jesper Aksel Bergmann," sagte Henrik langsam und deutlich.

"Der gute Junge," murmelte Sigurd hingerissen.

"Khanpur..." flüsterte Henrik.

"Bei allen meinen Federn," rief Sigurd. "Es ist wahr, ich muß weg - ich habe schon genug Zeit vergeudet."

'Das kann man wohl sagen,' dachte Henrik, aber er war zu wohlerzogen, um es zu sagen.

Sigurd schlug mit den Flügeln und stieg schnell über dem Rasen in die Luft hinauf. Darauf schoß er wie eine Rakete den Weg hinunter und in den Wald hinein.

"Was ist mit diesem Land, Khanpur?" rief Henrik ihm nach, aber Sigurd hörte es nicht. Bevor Henrik auch nur blinzeln konnte, war er im Schatten zwischen den Bäumen verschwunden.

In der Schule

"Was denkt sich der Junge eigentlich?" dachte Sigurd, während er ein paar Meter über dem Pfad durch den Wald sauste. Er spähte hinunter nach einem Zeichen, ob jemand vor kurzem hier gelaufen war. Und seine suchenden Augen fanden ein Zeichen; eine Waldschnecke, die von einer Schuhsohle plattgetreten worden war.

'Zola,' dachte der Schwarze Sigurd wütend. 'Jesper Aksel Bergmann wäre nie darauf gekommen, eine Schnecke plattzu-treten'.

Er flog weiter am Waldrand hinaus und weiter, über ein offenes Stück, wo die Erde mit großen Baumstümpfen bedeckt war. Die gefällten Bäume lagen auf hohen Haufen, ohne Zweige und ohne Blätter.

'Hier herrscht Wohnungsnot,' dachte Sigurd düster. 'Ohne Bäume keine Nester, und ohne Nester - Wohnungsnot!'

Dann war die Rodung vorbei und er wurde wieder von der dunklen Stille des Waldes verschluckt.

'Noch eine Waldschnecke,' stellte Sigurd lustig fest. 'Das ist ja ein ganzes Massaker!'

An dieser Stelle des Waldes wuchsen die Bäume auf großen Abhängen, die zu einem See abfielen. Ein Bach floß träge unter den Kronen entlang und rieselte über den Abhang zu einem Ausläufer des Sees. Hier an dieser feuchten Stelle war der Waldboden fast überall mit Gebüschen bedeckt. Und da - genau mitten in einer Vertiefung zwischen zwei baumbewachsenen Abhängen - lag ein kleines Haus.

Sigurds sechster Sinn, der normalerweise eilig damit beschäftigt war, ihn vor Katzen zu warnen, sagte ihm, daß Zola und Jesper Aksel Bergmann hierhergegangen waren.

Es war ein altes, morsches Haus. Alle Fensterscheiben waren
längst zerschlagen. Stattdessen waren Bretter davor, kreuz und
quer genagelt.

Die Zweige der Bäume hatten im Laufe der Jahre so oft gegen
das Dach geschlagen, daß dort große Stellen waren, wo die
Dachziegel hinuntergerutscht waren und auf der Erde lagen.

Der eine Giebel neigte sich gefährlich nach innen. Es war in
Wahrheit ein miserabler Anblick.

Als Sigurd um das Haus kreiste, entdeckte er zu seiner großen
Erleichterung Jesper.

Er und Zola waren gerade im Begriff, durch die Tür hinein-
zugehen. Zola stand hinter ihm und warf wachsame Blicke
zurück in den Wald.

Aber dann geschah es, daß Zola den Raben entdeckte, der wie
ein Projektil durch die Luft kam. Er gab Jesper einen kräftigen
Schubs in den Rücken, sodaß er durch die Türöffnung fiel.

Danach zog Zola hinter ihm die Tür zu. Erst da wandte er sich
dem Schwarzen Sigurd zu, der auf der Erde zwischen den
heruntergefallenen Blättern gelandet war.

Zola betrachtete den Vogel mit einem verwunderten Blick.

Sigurd, der sich nun beides fühlte, edel und mutig, sagte: "Ich
verlange mit dem Jungen zu sprechen, den du gerade ins Haus
geschubst hast!"

Zola drehte das Gesicht zur Seite und spuckte.

Sigurd hob warnend einen Flügel in die Luft. "Ich verlange..."

"Halts Maul, du kleiner, gefiederter Narr!" rief Zola mit einem
plötzlich entflammten Zorn.

Der Rabe stutzte und beobachtete ihn.

Einen Augenblick, nur einen ganz kurzen Augenblick, sah der
Schwarze Sigurd Zola, wie er wirklich war. Zola veränderte
sich vor den Augen des Raben, hervorgerufen durch den
gewaltigen, schlimmen Zorn, der in seiner innersten Seele
brannte. Sigurd starrte stumm auf die Hände, die zu Klauen
geworden waren, den Körper, der aus der Kleidung des Jungen

Zola wuchs, und auf den Mund, der zu einem kräftigen Kiefer mit gelben, messerlangen Zähnen vor einem blutroten Rachen wurde. Und Sigurd krampfte zusammen unter dem Blick der Augen, der so kalt und böse war, wie von tausenden von Schlangen.

"Verschwinde!" zischte dieses unheimliche Wesen, und bewegte sich langsam und schleichend über die Lichtung vor dem kleinen Haus.

"Wir... wir können doch still und ruhig darüber plaudern?" schlug der Schwarze Sigurd vor.

Zola antwortete nicht. Wieder durchlief er eine Verwandlung, nachdem er die Kontrolle über seinen gewaltigen Zorn wiedererlangt hatte. Während Sigurd zusah, wurde das Wesen wieder zu Zola, der sich bückte und einen Zweig aufsammelte. Er zielte und schleuderte ihn durch die Luft.

Sigurd mußte Hals über Kopf flüchten, hoch oben in den nächsten Baum. Er hörte Jesper im Haus an die Tür klopfen, bevor Zola sie öffnete, hineineilte und sie hinter sich zuschlug.

Sigurd breitete die Flügel aus und schwebte hinunter. Zuerst betrachtete er mißtrauisch die verschlossene Tür; man wußte ja nie, ob dieser abscheuliche Junge auf der Lauer lag. Aber es war still - allzu still.

Zuletzt hüpfte Sigurd vorsichtig ganz zur Tür hin und drückte das Ohr an sie. Er hörte Stimmen von weit weg, Stimmen die dröhnten wie in einem Tunnel.

"Da scheißen wir 'drauf..." Das war Zolas Stimme.

Und er hörte Jesper, der zahm antwortete: "Ja, aber..." Dann verebbten die Geräusche und alles wurde still.

Der Schwarze Sigurd stellte sich die ersten tausend Arten vor, wie er die Tür hätte sprengen können und ihnen nachsetzen, wenn also nur...

Der sonst so prahlende und angeberische Rabe aus Abenteuerland saß unglücklich auf der feuchten Erde vor der Tür. Weinen konnte Sigurd gar nicht, und das war vielleicht auch sehr gut so. Denn stattdessen dachte er nämlich an Henrik S. Sörensen - den kleinen, überklugen Jungen, der Jesper Aksel Bergmanns bester Freund war.

"Er kann sie öffnen," dachte Sigurd auflebend und eilte zurück zur Schule, im Zick-Zack um die Bäume herum.

'Er braucht mich ganz ordentlich, dieser Jesper Aksel Bergmann,' dachte der Schwarze Sigurd, während er zur Schulpforte hinunterflog. 'Ich bin unentbehrlich für ihn...' dachte er weiter, und fühlte sich sehr gut bei dieser Erkenntnis.

Es gab ein wildes Hallo, als plötzlich ein Rabe durch die Gänge der Schule in Holte flatterte.

Es waren so viele Klassenzimmer, daß jeder andere es wohl schon aufgegeben hätte.

Aber Sigurd flog durch eine offene Tür, auf der stand: "Schuldirektor - anzutreffen zwischen 08.00 und 10.00" - und landete mit einem Plums in einem tiefen, gepolsterten Lehnstuhl vor einem Schreibtisch, auf dem große, schiefe Haufen Papier lagen.

Am Schreibtisch saß ein älterer, grauhaariger Mann vornübergebeugt und schrieb kratzend auf einem Stück Papier. Er hatte eine Brille ganz vorne auf der Nasenspitze und bemerkte den Raben nicht, der auf den Krallenspitzen auf dem Lehnstuhl stand, um seine Aufmerksamkeit zu gewinnen.

"Ehem...!" sagte der Schwarze Sigurd.

"Hmmm?" murmelte der Schuldirektor, ohne den Blick vom Papier zu wenden.

"Wo finde ich Henrik S. Sörensen?" fragte der Rabe eifrig.

Der Direktor legte den Stift von sich und lehnte sich über einen anderen Haufen Papier. Er blätterte etwas darin, schob dann die Brille auf ihren Platz und las laut:

"Er hat Biologie - im Klassenzimmer 23." Seine Stimme klang schläfrig, und Sigurd konnte sehen, daß er nur mit den größten Schwierigkeiten die Augen offen halten konnte.

"Tausend Dank," krächzte Sigurd dankbar. "Dann flieg ich weiter..."

"Ja, tu das," murmelte der Schuldirektor geistesabwesend. Im nächsten Augenblick fiel ihm etwas auf. "Fliegen?"

Er warf einen Blick auf den Stuhl. Er war leer. Weit weg im Flur sah er einen großen, schwarzen Raben, der von Tür zu Tür flog.

'Unmöglich...' dachte er, nahm die Brille ab und begann sie zu putzen. Danach setzte er sie wieder an ihren Platz und schaute noch einmal den Gang hinunter. Er lag leer da.

Darauf lehnte er sich zurück, kratzte sich mit seinem undichten Stift am Kinn und dachte: 'Vielleicht hat Ellen recht? Vielleicht sollte ich jetzt in Pension gehen?' Er verfiel in tiefe Spekulationen, und wurde währenddessen immer blauer am Kinn.

'23!' dachte Sigurd zufrieden. 'Hier ist es!' Er landete auf dem Boden und klopfte mit dem Schnabel dreimal hart gegen die Tür.

"Herein!" rief eine Männerstimme.

"Das ist kränkend..." dachte Sigurd, der zum zweiten Mal in weniger als zehn Minuten durch eine Tür mußte, die er nicht im Stande war, zu öffnen. Er klopfte wieder.

"Herein!" brüllte die Stimme.

Jetzt war es ganz still in der Klasse. Dann wurde die Tür aufgerissen und ein erwachsener Mann in Cordhosen und einem selbstgestrickten Pullover starrte erst wütend - danach überrascht auf den Raben, der mit schrägem Kopf auf dem Boden stand.

"Was in aller Welt..." rief er überrascht.

Sigurd schaute nach Henrik, aber konnte ihn nicht sehen. 'Ich muß mich hinein-wagen,' dachte er. Ohne um Erlaubnis zu fragen, stolzierte er zwischen den Beinen des Lehrers hindurch und weiter in das Klassenzimmer.

Zwanzig Paar Jungen- und Mädchenaugen starrten erstaunt auf den Vogel, der den Mittelgang hinaufwanderte. Dann seufzte einer laut.

'Das ist er!' dachte Sigurd. 'Er seufzt vor lauter Freude, mich zu sehen.'

Er entdeckte Henrik, der mit geschlossenen Augen und gefalteten Händen dasaß, fast als ob er betete.

"Ein zahmer Rabe," sagte der Lehrer laut. "Und dann genau in der Biologiestunde - was für ein Zusammentreffen."

"Wie hübsch er ist," sagte ein Mädchen mit langen, roten Zöpfen.

Sigurd trug den Kopf hoch, schob die Brust vor und vergaß ganz, warum er gekommen war.

"Wenn er auf dem Pult säße, könnten wir ihn besser sehen," sagte ein Junge aus der hintersten Reihe.

'Alles für meine Fans,' dachte Sigurd, flog auf und setzte sich aufs Pult.

"Das war, als ob..." murmelte der Lehrer.

"Versteht er, was wir sagen?" fragte ein Junge mit Segelohren.

Der Lehrer schüttelte den Kopf. "Überhaupt nicht, lieber Kurt. Vögel sind durchweg recht dumm und sie..."

'Er hat selber schuld,' dachte Henrik nervös.

Sigurd hatte sich zu dem vermessenen Lehrer gedreht, und zeigte nun mit der Spitze seines einen Flügels auf ihn.

"Dumm..." stöhnte er. "Kindern so einen Quatsch beizubringen. Nach so einer Frechheit muß man lange suchen!"

"Er kann auch sprechen!" jubelten alle Kinder wie aus einem Munde.

"Nein, hört jetzt..." protestierte der Lehrer, aber es hörte ihm keiner zu.

Der Schwarze Sigurd breitete beruhigend seine Flügel aus und ermahnte seine Fan schar, zu schweigen. "Hört nicht auf ihn," krächzte er. "Er weiß kein Stück von all dem."

Er betrachtete die Kinder - der Jubel wollte kein Ende nehmen.

"Wir Raben sind voller guter Eigenschaften," begann Sigurd, während er den Lehrer ignorierte, der mitten im Gang stehengeblieben war.

"Weiter..." jubelten die Kinder und klatschten in die Hände.

"Wir sind stark..." sagte Sigurd mit tiefer Stimme. "Wir sind mutig..." setzte er fort und starrte mit eisernem Blick über die Versammlung.

"Ich laß mich frühzeitig pensionieren..." murmelte der Lehrer, der jetzt ganz weiß im Gesicht war.

"Aber vor allem..." beharrte Sigurd, "sind wir Raben furchtbar intelligent!"

"Weiter!" riefen die Kinder, die jetzt in wilder Ekstase waren.

"Ich würde nicht im Traum aufhören," dachte Sigurd. Was für eine Show - ich bin der Superstar in der Pause!"

Aus dem Augenwinkel hielt er ein waches Auge auf den Lehrer, der durch die Tür hinauswankte.

Henrik hatte lange dagesessen und zu Sigurd gewunken. Aber der Rabe hatte ihn ignoriert, er mußte warten, bis er dran war. Er fing wieder an.

"Mein Freund, Jesper Aksel Be..." Wie ein Blitz schlug es in Sigurd ein. Plötzlich dachte er an Jesper Aksel Bergmann und Zola und die Katastrophe, die vielleicht schon eingetroffen war.

"Bei all meinem Schmuck!" rief er. "Henrik - wir müssen weg. Da ist etwas grausig faul!"

"Wo ist Jesper?" Henrik mußte rufen, um den Tumult in der Klasse zu übertönen.

"Er verschwand - durch eine Tür," antwortete der Rabe.

"Eine Tür? Mitten im Wald?" Henrik war sehr skeptisch, aber er hatte sich schon erhoben, winkte Sigurd zu, daß er ihm folgen sollte, und steuerte auf die Tür zu.

Sigurd hob widerwillig ab und folgte ihm. Er fühlte sich, als vergeude er die Kinder, die noch so viele nette Sachen zu ihm zu sagen hatten.

Henrik lief den Gang hinunter, mit Sigurd, der hinter ihm her flatterte. Ein Schwanz von rufenden Kindern folgte ihnen.

Draußen vor der offenen Tür des Büros des Direktors hörten sie einige abgerissene Bemerkungen, während sie vorbeihasteten.

"Setzen Sie sich nun hin, Jörgensen. Sie sehen nicht gesund aus!"

"Ich will frühzeitig pensioniert werden," verlautete die Stimme des Biologielehrers aufgebend.

"Na, na, kleiner Jörgensen. Sie werden schon sehen..."

Dann war es vorbei. Aber die schreienden Kinder der 6B, die zurückgeblieben waren, wurden von Jörgensens Stimme aufgehalten.

"Nun ist es zum Teufel genug!" dröhnte sie durch den Gang.

Die Kinder gaben die Jagd auf und kehrten beschämt ins Klassenzimmer zurück.

Sie eilten aus dem Gebäude, über den Schulhof und weiter auf den Weg zum Wald. Der Schwarze Sigurd, der über Henriks Kopf in der Luft schwebte, erzählte ihm, was geschehen war.

"Die Hände wurden zu großen Klauen," röchelte Sigurd, "und die Augen - die Augen schlugen alles, was ich jemals gesehen habe!"

"Wenn wir es bloß schaffen," prustete Henrik und lief am Waldrand.

Sie beeilten sich so schnell sie konnten und noch etwas mehr.

Über die Rodung mit den ganzen Baumstümpfen, weiter durch den Wald auf die andere Seite, und dann...

"Da liegt es!" zischte Sigurd und landete auf Henriks Schulter.

"Da ist ja ein Haus!" rief Henrik überrascht.

"Das sagte ich doch," flüsterte Sigurd schrill.

"Warum habe ich das Haus vorher nie gesehen?" fragte Henrik verwundert.

"Du hast ja so viel mit deiner Schule zu tun," sagte Sigurd mit schlecht versteckter Ironie. "Du spielst ja nicht im Wald wie andere Kinder!"

Aber Henrik hörte es nicht. Auf jeden Fall ließ er sich nichts anmerken. Er lief weiter, den Abhang hinab auf die Tür zu, die immer noch geschlossen war.

Sigurd setzte sich hinter ihm auf die Erde. "Paß auf!" flüsterte er. "Vielleicht liegt er auf der Lauer."

Henrik legte das Ohr an die Tür und lauschte. Es war so still wie es überhaupt nur sein konnte. Zuletzt zog er an der Tür und öffnete sie. Sie ging knarrend auf und die Kühle der Dunkelheit schlug ihnen entgegen. Es roch nach Schimmel, und die Luft war feucht wie Nebel.

"Ich hätte eine Taschenlampe mitnehmen sollen," stellte Henrik fest. "Und ein Messer und eine Pistole und Onkel Kaj, der ist Boxer."

"Und ein paar Butterbrote mit Krabben," seufzte Sigurd. "Ich liebe Krabbenbrote."

Henrik machte Miene, hineingehen zu wollen, aber der Schwarze Sigurd hielt ihn auf. "Es ist vielleicht das Beste, wenn du hierbleibst," krächzte er. "Sonst ist keiner da, der Hilfe holen kann, wenn alles schief geht."

Henrik sah fast erleichtert aus.

"Dann fliege ich mutig dort hinein und lasse mich von der Dunkelheit verschlucken," flüsterte Sigurd mit zitternder Stimme.

"Was ist dort hinter der Dunkelheit?" fragte Henrik.

"Da gibt es vielerlei Abenteuer," zischte der Rabe. "Einige sind gut und allerliebst - wie die, die man zu Hause in Abenteuerland erlebt, dort, wo ich herkomme."

Henrik lauschte mit angehaltenem Atem.

"Aber andere Abenteuer," setzte der Schwarze Sigurd heiser fort, "die sind böse, böse, böse. Und das schlimmste ist..."

Er stellte sich hin und schaute mit leerem Blick in die Finsternis.

"Was ist das schlimmste?" fragte Henrik.

"Das schlimmste ist, daß diese bösen, bösen, bösen Abenteuer nicht immer glücklich enden."

Henrik erbleichte sichtbar hinter der Brille.

"Abenteuer sollten eigentlich glücklich enden," flüsterte Sigurd. "Sie müssen einander kriegen am Ende - und das halbe Königreich obendrauf!"

Henrik war sich ganz einig mit ihm. Zumindest in diesem einen Fall, wo Jesper Aksel Bergmanns Leben auf dem Spiel stand.

"Das meint Merlin auch," fuhr der Schwarze Sigurd fort. "Das bin nicht nur ich, der das sagt. Und Merlin ist ja der Zauber-könig, dann muß er es doch wissen."

"Dann laß uns Merlin organisieren," schlug Henrik vor.

"Genial!" rief der Schwarze Sigurd. "enial... enial..." hallte es aus der Dunkelheit wieder. "Du holst Merlin," sagte Sigurd gedämpft, "und ich versuche, Jesper zu finden."

"Dann müssen wir uns beeilen." Henrik ging rückwärts, weg von der Tür. Er mußte Merlin in aller Eile holen.

"Wir sehen uns!" sagte Sigurd und hob ab. "sehen uns..." war aus der Dunkelheit zu hören.

Dann war er verschwunden.

Henrik, der die Hälfte des Abhangs erreicht hatte, blieb unvermittelt stehen.

Er drehte sich mit einem Satz und rief mit Verzweiflung in der Stimme: "Wo erwische ich Merlin? Wo finde ich ihn?"

Er betrachtete das gähnende, schwarze Loch in der Tür an der Giebelseite des kleinen Hauses. Aber es kam keine Antwort - Sigurd war verschwunden.

Während er durch den Wald zurücklief, dachte er, das nun guter Rat teuer sei. Er wurde mit sich selbst darüber einig, daß er die Schulbibliothekarin fragen würde, wie man an Merlin herankommt. Sie mußte es wissen.

Khanpur

In der Zwischenzeit, während der Schwarze Sigurd Henrik geholt und ihn zum Haus zwischen den Abhängen geführt hatte, waren ein ganzer Teil mehr oder weniger glückliche Dinge im Leben des jungen Jesper Aksel Bergmann geschehen.

Er war Zola durch das Haus gefolgt. Es war kein gewöhnliches Haus. Es erinnerte fast an einen Tunnel, schien ihm, während er die schleimigen Wände betrachtete, in dem spärlichen Licht, das Zolas Streichhölzer gaben.

Die Stelle, wo sie wieder ans Tageslicht kamen, war durch die Mündung eines Tunnels ein Stückchen oben an einem Bergabhang.

Jesper stand dicht bei Zola und blinzelte in dem scharfen Licht mit den Augen. Nach der Dunkelheit im Tunnel war es blendend klar.

"Dann sind wir bald da," bemerkte Zola trocken.

Vor ihnen erstreckten sich Berge am ganzen Horizont entlang.

Am Fuß des felsigen Abhangs, auf dem sie standen, bis zum Rand dieser Berge breitete sich ein Tal aus mit Hügeln und Tälern, Wäldern und Ebenen und allem was sonst noch zu einem Abenteuerreich gehörte, das sich auf fast jede Weise vollständig von Holte unterschied, wo Jesper herkam.

Weit weg, auf ihre linken Seite entdeckte er eine Stadt, die geborgen zwischen Hügeln im Windschatten lag.

Über der Stadt, auf einer flachen Anhöhe, lag ein Schloß, das genauso gut eine Burg war, mit Türmen und Spitzen und Wimpeln, die im Wind flatterten. Rund um die Burg konnten sie einen breiten Graben erkennen, auf dessen Grund eine Masse nach oben gewandter Spieße standen, statt des Wassers, das in so einem Graben üblich war.

Obwohl es weit weg von der Stelle auf der sie standen war, war es deutlich, daß die Häuser in der Stadt anders waren, als die, die Jesper Aksel Bergmann kannte, von zu Hause in Holte.

Viele andere kleinere Dörfer lagen verstreut über dem Land zwischen den Bergen.

"Das sieht ja ziemlich irre aus," sagte Jesper. "Du hast nicht recht viel übertrieben."

"Wir müssen dorthin!" sagte Zola und zeigte in die entgegengesetzte Richtung. Jesper drehte sich um und schaute an Zolas ausgestrecktem Zeigefinger entlang.

Er sah nun, daß er sich geirrt hatte, als er vorher die Situation eingeschätzt hatte. Denn in der Richtung, in die Zola zeigte, entdeckte er einen breiten Sandstrand.

Die Wellen des dahinterliegenden Meeresrollten träge an diesen Strand. Weit draußen im Meer schoß ein Felsen aus den Wellen. An einigen Stellen mit senkrechten Seiten wie die Mauern der Burg in der Ferne, an anderen Stellen mit Felsabhängen, wie der, auf dem sie selber standen. Und hinter dieser Insel ganz draußen am Rande der Welt, verdunkelte sich der Himmel durch schwere Unwetterwolken, die Jesper Aksel Bergmann zuerst für Berge gehalten hatte.

"Komm!" sagte Zola und begann den Abstieg. Jesper folgte ihm so schnell er konnte. Zola rannte die Felsen hinunter, sprang über die tiefen, verräterischen Spalten und vermied geschickt die loseliegenden Blöcke, die einen den Halt verlieren lassen konnten.

Wiederholte Male setzte Jesper loseliegende Felsblöcke in Bewegung. Dann fluchte Zola wütend, denn er lief weiter unten und konnte sie die ganze Zeit auf den Kopf bekommen, aber schließlich waren sie unten, blieben etwas stehen und verpusteten, um Luft zu bekommen.

"Es ist spät," sagte Zola. "Wir müssen sehen, daß wir weiterkommen."

"Ich muß doch um vier zu Hause sein," sagte Jesper, und sein Gefühl, daß das eine oder andere faul war, wurde stärker.

"Ja, ja," antwortete Zola, der vor ihm ging.

Jesper betrachtete seinen breiten Rücken und begann zu spekulieren, wie er abhauen könnte, und wo er in diesem Fall hinlaufen sollte. Er sah über seine Schulter zum Schloß auf der Anhöhe, das man gerade noch erkennen konnte, weit weg hinter den Hügeln.

Das Zauberbuch

Henrik fiel fast in das Büro der Schulbiliothekarin, zu dem Geräusch der Tür, die gegen die Wand donnerte.

"Ja, aber!" rief die Bibliothekarin erschreckt. "Das ist das erste Mal, das ich ein Kind erlebe, das so eifrig ist, sich ein Buch zu leihen." Sie lächelte.

"Ich..." Henrik japste nach Luft. "Ich muß mit Merlin sprechen," stammelte er atemlos.

"Wie bitte?" Die Bibliothekarin studierte ihn verwundert.

"Dem Zauberer Merlin," erklärte Henrik. "Dem König der Zauberer aus Abenteuerland."

"Aber wie du schwitzt," sagte die Bibliothekarin. Sie sah besorgt aus, mit gerunzelten Augenbrauen und allem. "Bist du sicher, daß du ganz gesund bist?"

"Mir fehlt gar nichts," antwortete Henrik, schlug die Arme auseinander und versuchte, gesund auszusehen. "Ich MUSS mit Merlin sprechen."

Die Bibliothekarin sah auf ihre Armbanduhr und zuckte aufgebend mit den Schultern. "Der Schulpsychologe ist schon nach Hause gegangen," seufzte sie.

"Ja, aber es ist wichtig," flehte Henrik. "Jesper ist von einem der Zola heißt mit nach Khanpur genommen worden, und der einzige, der ihn retten kann ist Merlin."

"Ach du lieber Himmel!" rief die Bibliothekarin.

"Kann man ihn anrufen?" fragte Henrik.

"Wen?"

"Merlin, selbstverständlich," sagte Henrik ungeduldig. Sie begriff auch gar nichts.

Die Schulbibliothekarin betrachtete ihn eine lange Sekunde.

Henrik empfand, daß sie das eine oder andere sehr eingehend überlegte.

"Man kann Merlin nicht anrufen," sagte sie dann langsam und deutlich. "Merlin gibt es in Wirklichkeit nicht, kleiner Henrik. Merlin gibt es nur in Abenteuern - und da haben sie kein Telefon!"

"Verdammt noch mal!" rief Henrik ärgerlich.

"Er meint es ernst!" murmelte die Bibliothekarin schockiert.

"Was um Himmels Willen soll ich jetzt machen?" Henrik stand tief in Gedanken versunken da, ganz knallrot im Gesicht vor lauter Eifer.

"Willst du ein Buch über Merlin leihen?" fragte sie leise.

"Ja, das wäre vielleicht eine Idee." Henrik dachte nach, das es knackte.

"Laß mich es holen."

Die Schulbibliothekarin erhob sich und verschwand zwischen den Regalen. Etwas später kam sie mit einem Buch in der Hand zurück.

"Bitte," sagte sie und versuchte, zu lächeln. "Hier drin kannst du über den König der Zauberer Merlin lesen und von allen seinen Zauberkünsten."

"Danke," sagte Henrik, schnappte es ihr aus der Hand und rannte durch die Tür.

"Leihkarte!" rief sie hinter ihm her, aber er war verschwunden. Sie setzte sich hin und starrte leer auf die Wand. 'Kinder!' dachte sie. 'Warum sind Kinder heutzutage so anders, als ich als Kind war?'

Henrik fand ein leeres Klassenzimmer, in das er sich einschloß und das Buch vor sich auf einen Tisch legte.

"Abenteuer und Fabeln aus aller Welt" , las er auf dem Umschlag.

'Genau das, was ich brauche,' dachte er. 'Ich wußte, daß sie mir helfen konnte.'

Er blätterte nervös mit seinen kleinen, Schwetzingen Fingern im Buch. Nach kurzem Blättern fand er, was er suchte. Er setzte sich mit den Ellbogen auf dem Tisch, die Hände den Kopf stützend hin und las - von Merlin, den Rittern um den runden Tisch und vom Lehrling des Zauberers, Archimedes. Und als er entdeckte, daß eine Zauberformel im Buch war, knickte er ein Eselsohr oben in die Seite, klappte das Buch zu, nahm es unter den Arm und stürzte aus der Tür.

Er fand eine Stelle im Wald, in der Nähe des kleinen Hauses zwischen den Abhängen. Hier setzte er sich, schlug die Stelle auf, die er mit dem Eselsohr gekennzeichnet hatte und las sorgfältig:

"Bippeti bippeti boppeti bum,
wie Donner aus dem Weltenraum,
wie Felsen unter Wellens Schaum,
Zauberkönig komm - und saus und fjum."

Er wartete mit atemloser Spannung.

Der Wind jagte durch die Baumkronen, aber es passierte überhaupt gar nichts. Er öffnete wieder das Buch und las weiter. Dann entdeckte er, daß wenn man den Zauberkönig herbeirufen will, man es mitten in einem krachenden Gewitter tun muß, und man mit dem verzaubernden Vers beginnen muß, gerade, wenn ein Blitz seine glühenden Fangarme über den Himmel breitet.

Er lehnte sich zurück gegen einen Baumstamm und betrachtete den Himmel hoch oben über den Baumkronen. Er sah die regenvollen, dunklen Wolken über den Himmel segeln, schloß die Augen und betete daß es bald Gewitter, Sturm und Unwetter geben möge - so eines, wie die Welt noch nie erlebt hatte.

Dann erhob er sich, nahm das Buch unter den Arm und begab sich beschämt nach Hause.

Der Drachenritter

Jesper Aksel Bergmann war inzwischen dabei, mehr und mehr nachdenklich zu werden.

Er folgte Zola über die Heide in Richtung auf das Meer. Es war dabei, spät am Tag zu werden, und Jesper ärgerte sich darüber, daß er nie mit der Uhr ging, die seine Eltern ihm gegeben hatten.

"Dann kann er auf die Zeit achten," hatten sie gesagt - und das war ja wahr genug. Aber er vergaß immer, sie umzunehmen.

Während er dort ging, unter den Wolken, die die Dunkelheit vom Meer heranwälzten, auf dem Absatz von Zola, der sich irgendwie verändert hatte, versprach er sich selbst, daß er nie wieder die Uhr abnehmen würde, wenn er erst wieder zu Hause wäre.

Es war viel weiter zu gehen, als es von oben von dem Felsen ausgesehen hatte. Sie trotteten fröstelnd dahin, denn es blies ein rauher Wind genau auf sie zu.

Zola wirkte sehr nervös und spuckte die ganze Zeit um sich.

Seine Stimme war so rauh geworden, daß Jesper einige Male kaum verstehen konnte, was er sagte, und darum bitten mußte, daß er es wiederholte.

Jedes Mal drehte sich Zola um und sah ihn mit Augen an, die ganz anders waren, als die Straßenjungenaugen, die er vorher gehabt hatte. Es waren böse Augen schien Jesper, und er wünschte sich weit weg von hier. Er vermißte den Schwarzen Sigurd, der immer Rat wußte, wenn alles am schwärzesten aussah.

Aber dann, gerade als sie schon das Donnern der Brandung des Meeres weiter draußen hören konnten, und die Schatten lang wurden, geschah etwas Unerwartetes.

Zumindest unerwartet für Jesper Aksel Bergmann.

Zola wirkte dagegen fast, als ob er es befürchtet, aber gehofft hatte, sie könnten es vermeiden.

"Zum Teufel auch!" zischte er heiser und ballte die Fäuste auf dem Rücken, damit es nicht gesehen werden sollte. Aber Jesper, der hinter ihm ging, sah es.

Ein Ritter kam über die Heide auf sie zugeritten. Er kam von dort, wo sie hin auf dem Weg waren, und er strahlte und funkelte vom Panzer und Platten aus Stahl. Oben auf seinem Helm hatte er ein Büschel Federn in allen Farben des Regenbogens. Von seiner langen Lanze wehten viele Wimpel im Wind, und sein Schild war geschmückt mit einem Drachen, der auf ein Schwert aufgespießt war und ganz schrecklich blutete. Sein Pferd war in eine dicke, wattierte Decke mit Silberplättchen darauf gehüllt. Über dem Kopf hatte es eine Kappe aus dem gleichen Stoff, aber es waren Löcher für die Augen hineingeschnitten, damit es sehen konnte.

"Wie schön er ist," rief Jesper voller Bewunderung aus.

"Halts Maul, Menschenbrut!" knurrte Zola.

"Menschenbrut?" dachte Jesper.

Der Ritter kam in hurtigem Trab direkt auf sie zu. Es rasselte und klirrte, während er im Sattel auf und ab hüpfte. Als er eine Lanzenlänge vor ihnen war, senkte er die Lanze und befahl ihnen, stehenzubleiben.

"Jetzt laß du nur mich reden!" knurrte Zola, der schwitzte, daß er ganz feucht im Nacken war.

Der Ritter klappte das Visier hoch und warf ihnen einen forschen Blick zu.

"Wer seid ihr, und wie kommt es, daß ihr hier draußen in diesem von Drachen verwüsteten Land herumstiefelt?" fragte er mit einer sehr, sehr männlichen Stimme.

"Wir haben uns verlaufen," antwortete Zola und spuckte weit.

"Ja, so," sagte der Ritter.

"Wir wollen nach...öh..." sagte Zola.

"Nach Holte," schlug Jesper hoffnungsvoll vor.

"Holte?" murmelte der Ritter erstaunt, legte den Kopf schräg und sah ihn mit zusammengekniffenen Augen nachdenklich an.

Zola führte einen vielsagenden Finger an seine eigene Schläfe, während er mit dem Kopf in Jespers Richtung nickte.

"Hör nicht auf ihn," sagte er rauh. "Er ist verrückt. Wir wollen nach Strandby und unsere Großeltern besuchen."

"Es sind keine Menschen in Strandby zurückgeblieben," sagte der Ritter mit tiefer Stimme. "Die Drachen haben sie vor kurzem alle verscheucht."

"Nicht unsere Großeltern!" Zola schüttelte den Kopf und spuckte dem Pferd vor die Hufe.

"Hm..." murmelte der Ritter. Dann könnt ihr meiner Equipage folgen, denn auch ich habe einen Auftrag in Strandby."

"Bei einer alten Schachtel?" fragte Zola und grinste.

Jesper Aksel Bergmann dachte, daß es jetzt auf jeden Fall Krach geben würde.

"Solches Gerede über schöne, junge Mädchen könnte dazu führen, daß dieses, mein Schwert deinen kleinen, lächerlichen Kopf vom Körper abtrennt!" warnte der Ritter barsch.

Während er sprach, strich er mit seiner freien, in einem Handschuh steckenden Hand über den Schaft des Schwertes.

"Nah, jah, wieder im guten," sagte Zola gedämpft.

"Puhh," dachte unser Held Jesper Aksel Bergmann.

"Aufschließen!" kommandierte der Ritter und machte kehrt.

Sie trotteten lange Zeit hinter dem Pferd her. Sie redeten nicht miteinander, denn Zola war sauer und mürrisch und antwortete nicht, wenn Jesper ihn etwas fragte.

Gerade vor Einbruch der Dunkelheit machten sie Halt am Rand eines Waldes. Der Ritter hatte sie ins Land hineingeführt und das Donnern des Meeres an den Strand war langsam verstummt. Die ganze Wanderung über war Zola gegangen und hatte sich umgedreht, als ob er nach etwas Ausschau hielt, das vom Meer kommen und sie befreien sollte. Aber es war nicht gekommen.

Der Ritter stieg vom Pferd und nahm ihm die Decke ab.

Danach fütterte er es aus einem kleinen Lederbeutel, den er am Sattel festgemacht mitgebracht hatte. Als das getan war, führte er es aufs Gras ein Stück draußen auf der Heide. Während er das tat, ging auch er und spähte in Richtung auf das Meer, so wie Zola es vor ihm getan hatte.

Zuletzt kehrte er zur Stelle zurück, wo er Jesper und Zola den Befehl gegeben hatte, ein Feuer anzuzünden.

Zola hatte sich beeilt, es anzuzünden, sobald der Ritter ihm den Rücken zugewandt hatte. Er hatte Jesper schief angesehen und gesagt, daß er jetzt den Mund halten sollte - und daß man hier ja keine Streichhölzer hätte und der Ritter sie darum nicht sehen sollte.

Jesper verstand kein Wort.

"Ihr seid richtig schnell mit dem Zunder," sagte der Ritter, als er sich setzte und die Hände über den Flammen wärmte.

Sie brieten etwas geräuchertes Fleisch, das der Ritter in seinem Ledersack hatte. Es schmeckte etwas nach Pferdefutter, aber sie waren zu hungrig, als das dies kein Problem war.

Zola aß nicht, er fraß. Er saß mit seinem Teil des abgeschnittenen Fleisches zwischen den Fingern, biß hinein und riß große Klumpen heraus, die er schluckte, fast ohne sie zu kauen.

Der Ritter, der ihnen gegenüber auf der anderen Seite des Feuers saß, betrachtete ihn eingehend.

Jedes Mal wenn Zola die Zähne ans Fleisch setzte, atmete er schwer und hitzig - genau wie eine Hyäne es macht, wenn sie Aas zerreißt. Und seine Augen wurden glasklar, als ob er Fieber hatte, jedes Mal, wenn er zubiß. Aber das schlimmste war, daß er ein Stück rohes Fleisch griff, das noch nicht gebraten war - und es ganz hinunterschluckte, in einem Augenblick, als er glaubte, daß Jesper und der Ritter es nicht sahen.

Aber sie sahen es.

"Wie heißt ihr denn, ihr fahrenden Jungknechte?" fragte der Ritter, als sie gegessen hatten.

"Zola," antwortete Zola mürrisch.

"Ich heiße Jesper Aksel Bergmann - und vielen Dank für das Essen," antwortete Jesper und ihm schien plötzlich, daß es ganz nett war, wohlerzogen zu sein und höfliche Dinge zu sagen.

"Und ich bin Sir Lanzelot von Donnerwald," sagte der Ritter genauso feierlich wie der Schuldirektor zu Hause in der Schule von Holte, wenn er aus seiner Kindheit vor vielen, vielen hundert Jahren erzählte.

"Warum sitzt du so lange vor dem Feuer?" fragte er plötzlich an Zola gewandt.

Zola machte einen Ruck, wendete seinen Blick auf Sir Lanzelot und sah ihn mit dem bösesten Blick an, den Jesper jemals gesehen hatte, und er hatte doch beide schon gesehen, Harons und Tingas.

Der Ritter beugte sich vor und stocherte einen glühenden Zweig aus der Feuerstelle. Während er ihn in der Hand hielt, zog er das Schwert aus der Scheide, das neben ihm im Gras lag.

Zola bewachte jede seiner Bewegungen und fauchte ganz schwach, tief in der Kehle.

Jesper Aksel Bergmann, der sich eigentlich um den Krach von anderen nicht kümmerte, es sei denn er hatte ihn selbst, rückte vorsichtig auf Sir Lanzelots Seite der Feuerstelle, ohne das Zola es bemerkte.

Mit dem glimmenden Schwert in der einen Hand, und dem glühenden, rußgeschwärzten Ast in der anderen, lehnte Sir Lanzelot sich zu den Flammen vor, sodaß das Licht in seinem Gesicht spielte und ihm einen dämonischen Anschein gab.

"Und wer ist nun Zola?" flüsterte er kalt.

Zola zog sich etwas zurück, während seine Augen größer wurden, der Mund sich veränderte und die Zähne zu langen, gelben Messern vor einem blutroten Rachen wuchsen. Sein ganzer Jungenkörper wuchs bis er Zolas Zeug in Fetzen sprengte, die über das Gras zerstreut lagen, wie kleine, kaputtgerissene Lumpen. Aus diesem Jungenkörper wuchs ein enormes Wesen mit Klauen statt Händen und einem schweren, schuppigen Körper, der doppelt so groß wurde, wie das Pferd, auf dem Sir Lanzelot ritt. (Und das übrigens Donnerhuf hieß.)

Sir Lanzelot warf den Ast mit der Glut.

In dem Augenblick, als er das tat, flackerte er auf und brannte mit einer klaren, rotgoldenen Flamme.

Er warf ihn genau auf Zolas Kopf, der nicht mehr Zola war, sondern ein Drache, dessen schuppiger Schwanz über die Erde peitschte und eine Wolke aus Staub und kleinen Steinen in der Dunkelheit aufstieben ließ.

Der Drache gab ein Gebrüll von sich, schlug mit seinen gewaltigen Flügeln und hob sich schwer in die Luft.

Sir Lanzelot hob sein Schwert und sein Schild und stürmte gerade durch die Feuerstelle auf den Drachen zu, während er laut rief. Er schwang das Schwert über seinem Kopf und schlug nach dem Hals des Drachens, ohne ihn zu treffen. Der Drachen stieg auf in die Dunkelheit, während er zu ihnen hinunterzischte.

Jesper merkte das erste Mal das eisige Gefühl, das man hat, wenn man einem richtigen Drachen in die Augen sieht.

Denn wenn man kein waschechter Ritter ist und mutig und eingebildet wie einer, dann ist es ein fürchterlicher Anblick, der den Körper lähmt und nur einem einzigen Gefühl in den Gedanken Platz läßt: dem Schrecken!

Nachdem der Drache verschwunden war, saß Jesper wie versteinert neben der Feuerstelle. Er starrte mit leerem Blick in die Dunkelheit und sein Körper war steif und hart, als wäre er eine Puppe aus gehärtetem Wachs.

Sir Lanzelot kehrte zurück und trat in den Lichtschein der Flammen. Er entdeckte den Jungen, der so versteinert vor ihm saß, legte das Schwert und das Schild von sich ins Gras und kniete sich an seine Seite.

"Wie geht es dir, kleiner Freund?" fragte er freundlich.

Jesper erwachte langsam aus seiner Trance, und merkte, daß der rauhe Eisenhandschuh des Ritters ihm sanft durchs Haar strich.

"Ist er weg?" fragte er gedämpft und fühlte vorsichtig nach, ob er noch Haare auf dem Kopf hatte.

"Ja, er ist weg," antwortete Sir Lanzelot. "Und da tat er klug dran, denn ich bin der meistgefürchtete aller Drachenritter an König Lejons Hof."

Er drehte sich einmal und sah sich um. "Es war auch nur ein kleiner Drache," flüsterte er. "Er war erst ganz jung, vielleicht weniger als hundert Jahre alt. Darum durchschaute ich ihn so leicht."

Er hielt Jesper, der sich immer noch etwas matt fühlte, um die Schultern und sah ihm in die Augen. "Alte Drachen sind schlau und böse," sagte er ruhig. "Und außer den gewaltigen Kräften, meistern sie einige Zauberkünste. Nee, glaub mir, wenn ich sage, daß dieser Drache nur jung und unerfahren war und nicht gerechnet werden kann, gegen das, was du später einmal treffen kannst."

Jesper hatte absolut keine Lust, einen von ihnen zu treffen, weder jetzt noch später.

"Er hatte nicht mal Feuer," setzte Sir Lanzelot fort. "Alte Drachen speien Feuer aus ihren Rachen; ein Feuer, das in den Lungen und Gedanken der Menschen brennt. Es stinkt nach Schwefel und kann tödlich sein, wenn man bloß davon gestreift wird, ohne richtig verbrannt zu sein."

Jesper dachte an Zola, den Jungen, der beim Schultor auf ihn gewartet hatte, um ihn mitzulocken - und er dachte, daß, wenn er etwas lieber zur Schule gegangen wäre und nicht so ein schlechtes Gewissen gehabt hätte, weil er seine Hausaufgaben

nicht gemacht hatte, dann hätte er sich vielleicht gar nicht
locken lassen.

Und wenn er seine Uhr umgehabt hätte, und auf sie gesehen
hätte, als sie gingen, dann hätte er sich selbst sagen können, daß
man ein anderes Land nicht erreichen und um vier zurück sein
konnte. Er versprach sich selbst, daß wenn er wieder zu Hause
wäre, dann...

Der Zauberkönig

"Radionachrichten - es ist zweiundzwanzig Uhr," ertönte die Stimme des Sprechers aus dem Lautsprecher.

"Bettzeit," sagte Henriks Mutter. "Und vergiß nicht, Zähne zu putzen!"

"Sie ist nicht umsonst Schulzahnärztin," seufzte Henrik und ließ die Zunge über seine Zähne gleiten. Sie waren eher rauh, fast als hätten sie einen Mantel an.

Er beeilte sich, bürstete die Zähne und ging ins Bett.

Aber dann, gerade als sie zu ihm `gute Nacht´ gesagt und die Tür zu seinem Zimmer geschlossen hatte, rollte der erste Donnerknall über Holte, ein Stück weiter weg von der Stelle, wo sie wohnten.

Henrik setzte sich auf und war auf einmal hellwach.

Dann sprang er aus dem Bett, warf sich in sein Zeug, griff das Buch, öffnete das Fenster, fummelte nervös nach seiner Brille herum und purzelte dann endlich aus dem Fenster, mitten in den kalten, nieselnden Regen.

Er rannte die Einfahrt hinunter, auf den Weg und in den Wald hinein, als ihm einfiel, daß er keine Taschenlampe mit hatte.

'Ach, Mist. Ich kann sie ruhig vergessen,' dachte er und tastete sich weiter durch den pechschwarzen Wald.

Fünf Minuten nachdem der erste Donnerschlag ertönt war, saß er auf einem knorrigen Baumstamm und blätterte in dem durchgeweichten Buch. Das Eselsohr sagte ihm, wo er den Zauberspruch fand. Aber die Wolken bedeckten die Sterne und hielten das Licht des Mondes davon ab, ihn unter den Baumkronen zu erreichen.

Er mußte sich ganz und gar auf sein Gedächtnis verlassen. Er drückte das Buch an sich und starrte in den Himmel. Dann hielt er die Luft an und lauschte, mit jedem seiner Sinne in seinem elfjährigen Körper bis aufs äußerste gespannt.

Dann kam er. Ein gigantischer, blendender, weißer Blitz, der im Zickzack über den Himmel fuhr. Gerade als seine glühenden Fangarme sich über das nachtschwarze Nichts spannten und Millionen von Regentropfen wie Perlen in der Luft schimmern ließen, rief er mit der ganzen Kraft seiner Lungen:

"Bippeti bippeti boppeti bum,
wie Donner aus dem Weltenraum,
wie Felsen unter Wellens Schaum,
Zauberkönig komm - und saus und fjum."

Es war als ginge die Welt zu Bruch oben, gerade über diesem Wald in Holte.

Die Blitze tanzten zitternd über den Himmel, Donner knallten zwischen die Stämme, und der Wind schwoll zu Sturm an, der die uralten Bäume zerzauste, sodaß ihre Kronen gegeneinander schlugen bis die Äste splitterten und zur Erde stürzten.

Mitten in diesem infernalischen Hexenkessel saß Henrik S. Sörensen, Dänemark, gegen einen jahrhundertealten Eichenstamm gelehnt, mit den Händen an den Ohren und geschlossenen Augen vor lauter Schreck.

Aber es wirkte.

Im selben Augenblick, als er die Augen wieder öffnete, trat der Zauberkönig Merlin aus einem Blitz, der keine zehn Meter von dem zitternden Jungen in die Erde eingeschlagen war.

Er stand da mit ausgebreiteten Armen in einem blauen Mantel, bedeckt mit Sternen, Monden und der Sonne und starrte auf Henrik hinunter. Sein metallisch grauer Bart, der ihm bis zur Taille reichte, flatterte im Sturm wie Wimpel und Fahnen am Turm einer Ritterburg.

Henrik saß mit atemlosen Staunen da. Er starrte und starrte nur auf dieses Wunder, ohne die Fähigkeit, darüber nachzudenken, sich zu erheben und vielleicht zu verbeugen.

Merlins große, weite Ärmel hingen an den dünnen Armen herunter, die mit einer gebieterischen Geste über die Welt ausgebreitet waren. Seine Augen; diese wissenden, freundlichen, harten, milden, machtvollen Augen starrten auf den Jungen, der immer noch auf dem regenfeuchten Eichenstamm saß.

"Es ist geglückt!" rief Henrik mit Worten, die der Sturm verschluckte. Nur Merlin hörte sie.

"Es glückte, weil du daran geglaubt hast, du Kind des Abenteuers!" sagte Merlin mit einer Stimme, weit schärfer, als der Donnerschlag, der gerade über Holte wütete.

"An was du glaubst, sollst du bekommen!" rief Merlin, daß die Bäume zitterten. "Das ist die Wahrheit, die Wahrheit, die es im Abenteuer gibt!"

Henrik merkte den Griff der Verzauberung bis ganz in seine eigenen Knochen.

"Wie ist dein Name, du Menschenkind?" setzte Merlin mit dem Wind, der durch seinen Bart heulte, fort.

"Henrik S. Sörensen," antwortete Henrik.

"Henrik Sörensen," murmelte Merlin.

"Henrik S. Sörensen," berichtigte Henrik.

"Hmm, ja, ja…" murmelte Merlin ungeduldig. "Was bringt dich dazu, mich herbeizurufen, den Zauberkönig, den gewaltigsten unter den Zauberknechten der Welt?"

Henrik erhob sich vorsichtig. "Ja, ich habe einen guten Freund, mit dem ich in eine Klasse gehe," begann Henrik. "Ja, er ist wirklich mein bester Freund und er..."

"Komm zur Sache, Junge!" rief Merlin, daß die Bäume sich schüttelten und der Waldboden Riße bekam.

"Jesper Aksel Bergmann ist nach Khanpur mitgenommen worden!" rief Henrik ganz nervös.

"WAS?" brüllte Merlin. Der Himmel wurde weiß vor Blitzen und alles Licht auf den Straßen von Holte ging mit einem Schlag aus.

"Wie hat er da jetzt wieder hingefunden," fragte Merlin, während er ängstlich aufsah, als wäre er bange davor, eine Baumkrone auf den Kopf zu bekommen.

" Einer, der Zola hieß, holte ihn," sagte Henrik. "Aber der Schwarze Sigurd ist ihm hinterhergeflogen."

"DER SCHWARZE SIGURD?" Merlin brüllte wieder. Diesmal sah er aus, als ob er böse war. Er hob die Hände gegen den Himmel und aus seinen Fingern entsprangen blauweiße Blitze; Blitze, die durch die Finsternis zu den Sternen sausten.

"Hab ich dem Jungen nicht gesagt, daß er zu Hause bei seinen Eltern bleiben und seiner Schule nachgehen soll?" rief Merlin.

"Habe ich diesem Raben Schwarzer Sigurd nicht gesagt, er soll in Abenteuerland bleiben und aufhören diesem Jungen Grillen in den Kopf zu setzen?"

"Ja, ja." Henrik nickte zustimmend. "Wahr genug, wahr genug."

Merlin hielt die Hände vor sich, während er unter seinen gesenkten, buschigen Augenbrauen einen Punkt mitten zwischen ihnen betrachtete. "Zola…" murmelte er. "Ist das dieser Junge, mein Freund?"

Zwischen seinen Händen wurde die kohlschwarze Nachtluft plötzlich zu einem flimmernden Nebel, der aus sich selbst heraus leuchtete und mitten im Nebel nahm ein Bild Formen an. Das Bild des Jungen Zola, der einen tiefen Zug aus einer Zigarette nahm und auf die Erde spuckte.

"Ja, das ist er," nickte Henrik.

"Dann sieh mal Kind, wer Zola wirklich ist..."

Mit diesen Worten sprangen wieder Blitze aus Merlins Fingern und mitten in dem leuchtenden Nebel veränderte der Junge Zola sich. Er verwandelte sich in ein gewaltiges Wesen, das aus seiner Kleidung wuchs, sie in Fetzen sprengte und wurde zu einem Drachen mit gelben, messerlangen Zähnen vor einem blutroten Rachen. Der Drache starrte aus dem Nebel auf

Henrik, der sich eingeschüchtert an den Baum drückte - und seine Augen waren so böse, böse, böse.

Henrik konnte nicht einmal schlucken. Ihm war ganz trocken im Hals. Trocken wie eine ganze Wüste, obwohl es überall um ihn herum in Strömen goß.

"Dies ist Kazar, der junge Drache von der Dracheninsel," knurrte Merlin. Er betrachtete den Drachen mit zusammenge-kniffenen Augen, die im Nebel wie Smaragde schimmerten.

"Ich hab mir schon gedacht, daß irgendetwas faul an ihm ist," flüsterte Henrik.

"Aber Jesper Aksel Bergmann wollte nicht hören, nicht wahr, mein Junge?" fragte Merlin.

"Nee…" seufzte Henrik und fühlte sich plötzlich wie ein richtig schlechter Freund, weil er ihn davon nicht abgehalten hatte.

"Er hört NIE, DIESER JUNGE!" Merlins Stimme schwoll zu einem schrillen Geheul an.

Jetzt fielen Äste um den Zauberkönig herab, der hätte zur Seite um sein Leben springen müssen. Aber Zauberkönige springen nicht um ihr Leben, das überlassen sie den anderen.

"Ohne dich," sagte Merlin, "wäre er verloren gewesen. Denn ohne meinen Zauber würde er sterben!"

Der flimmernde Nebel löste sich auf und das Bild des junge Drachens Kazar verschwand mit ihm.

"Ich werde versuchen, ihn zu retten," sagte Merlin heiser. "Ich muß ihn retten, aber das kann nicht sofort sein, denn eine Abrechnung mit dem alten Drachen verlangt Vorbereitungen!"

"Vorbereitungen?" protestierte Henrik.

"Was, wenn er inzwischen stirbt?"

"Ohne Vorbereitungen wird er sterben," erklärte Merlin. "Lernst du das nicht in der Schule? Gegen das Böse kommen nur wahre Freundschaft - und Liebe an."

Merlin spitzte den Mund. " Ja, und etwas Physik und Chemie und Mathematik, natürlich. Aber gegen den alten Drachen muß man auch List anwenden - und List verlangt Vorbereitungen!"

"Aber wer wird uns helfen?" flüsterte Henrik.

"Unzählige sind es, die Jesper Aksel Bergmann helfen werden, dem kleinen Abenteurer," sagte Merlin. Einen Augen-blick hörte es sich an, als ob er lachte. "Sir Gawain aus Abenteuerland, der ausgezeichnete Drachenritter am Zucker-schloß. Und der König vom Rosengarten aus dem Land hinter den Nebeln. Ich werde sie alle schicken - Khanpur wird bei ihrem Anblick erbeben."

Merlin räusperte sich. "Hoffe ich…" fügte er dann hinzu.

"Und was jetzt?" fragte Henrik zahm.

Die Blitze nahmen wieder zu. Die Donnerschläge rollten über den Wald, als wäre es der Weltuntergang.

"Weg hier!" rief Merlin. "Dies ist wirklich in letzter Sekunde. Wenn sie herkommen, mußt du ihnen den Weg zeigen, denn es war eine List der Drachen, die diesen Durchgang zwischen Holte und Khanpur geschaffen hat."

"Kommen sie hierher?" fragte Henrik. Aber er bekam keine Antwort, denn der Sturm übertönte seine schmächtige Stimme.

Merlin trat in einen riesigen, blauweißen Blitz und verdampfte über den Himmel nach Abenteuerland.

Henrik stand allein zurück und keuchte nach Luft.

Der Sturm schwächte sich ab. Es regnete immer noch so stark wie vorher, aber das Donnern war schon weiter weggezogen, und die Blitze waren nur schwache Lichtermeere in der Ferne.

"Das ist nicht wahr," dachte Henrik. "Doch, es ist wahr," dachte er dann. "Ich hab es ja selbst gesehen - mit meinen eigenen zwei Augen!"

Am Hof

Jesper und der Drachenritter hatten einen etwas unruhigen Schlaf an der Feuerstelle am Waldrand.

Das Feuer durfte nicht herunterbrennen, sagte der Ritter. Denn Drachen waren fähig, in der Dunkelheit zu sehen, im Gegensatz zu Menschen.

Irgendwann wieherte Donnerhuf erschreckt an einer Stelle in der Finsternis.

Sir Lanzelot sprang auf, griff das Schild und das Schwert und lief in Richtung auf das Geräusch.

Ob er sich gedacht hatte, nur mit einem Schild und Unterhosen bekleidet, gegen einen Drachen zu kämpfen, wußte Jesper nicht, aber die Rüstung lag da und sah aus, als ob sie im Schein des Feuers neben Sir Lanzelots Lager glühte.

Es lag ein schwacher Schwefeldunst in der Luft, und Jesper rollte sich unter der Decke zusammen, die Sir Lanzelot ihm geliehen hatte.

Etwas später kam der Ritter zurück, und sah lauernd mit grimmiger Miene um sich.

Er legte das Schild von sich ins Gras und legte sich zur Ruhe. Donnerklinge behielt er in der Hand, auch während er schlief.

Jesper Aksel Bergmann wußte jetzt mit Sicherheit, daß ein Drache in der Nähe war.

'Nur ein ganz kleiner von 2-3 Tonnen…' dachte er und schlief ein. Er war dabei, sich an Drachen zu gewöhnen.

Am nächsten Morgen erwachten sie gerade, als der erste, glühende Rand der Sonne sich über die gezackten Bergkämme hob.

Während Jesper etwas mehr von der nach Pferdefutter schmeckenden Rehkeule aß, zog Sir Lanzelot sich all seine

Panzer und Bleche an. Danach holte er Donnerhuf, der ein Stück weg stand und mit geschlossenen Augen kaute.

"Das war doch ein unglaublich schläfriges Pferd," dachte Jesper. (Es sollte sich später zeigen, daß es milde gesagt, eine verkehrte Einschätzung war.)

Sir Lanzelot suchte und fand Drachenspuren in dem taufeuchten Gras. "Nur ein Gnom," wie er es ausdrückte, "von ungefähr 4.000 Pfund."

"Pfund," dachte Jesper. Er rechnete und rechnete und obwohl er normalerweise nie Rechenhausaufgaben machte, glückte es ihm nach ausdauerndem Einsatz auf ein Resultat zu kommen.

"Das sind um die 2.000 Kilo," sagte er belehrend.

"Du bist wahrhaftig ein tüchtiger, kleiner Kerl," sagte Sir Lanzelot. "Das kann schon angehen, wenn du das sagst. Ich war nie gut in Zahlen." Er hob sine Hand mit dem Handschuh. "Drachen zu töten dagegen, das ist mein Lebenswerk!"

Er klopfte Donnerhuf und sagte: "Du kannst hinten auf meinem Pferd sitzen, nun, da die Drachenbrut von diesem Zola nicht länger bei uns ist."

Kurz danach brachen sie auf, und jetzt fand Jesper Aksel Bergmann heraus, daß seine Gedanken über das schläfrige Pferd beschämend waren. Denn es donnerte dahin, über Stock und Stein, so leicht und unbeschwert, als wäre es ein ausgelassener, einjähriger Hengst.

"Es ist wirklich schnell," rief Jesper, aus dessen Augen das Wasser lief.

Sir Lanzelot rief ihm durch das Visier, das seine Stimme etwas veränderte, zu: "Dann warte erstmal, bis wir einen Drachen angreifen. Das wird dich amüsieren, denn dann wirkt meine Ausrüstung erst richtig!"

'Es gibt andere Sachen, die mich mehr amüsieren würden,' dachte Jesper Aksel Bergmann und ihm wurde ganz trocken im Hals. Aber er begnügte sich damit, es nur zu denken.

Sie ritten den ganzen Tag.

Am Nachmittag ritten sie durch die äußeren Bezirke einer Stadt, die auch Khanpur hieß.

Sie dröhnten durch die gepflasterten Straßen und engen Gassen, wo die Häuser aussahen, als würden sie sich gegeneinander lehnen. Frauen, Kinder und Männer sprangen um ihr Leben, denn Drachenritter lassen sich von gewöhnlichen Sterblichen nicht aufhalten, es sei denn, sie wollen es selbst.

Irgendwann donnerten sie eine schmale Straße hinunter, als sie entdeckten, daß eine Querstraße weiter unten von einem stehenden Ochsenkarren voller Kürbisse versperrt war.

Der Kutscher, der dastand und auf die Ochsen einpeitschte, entdeckte sie und sprang in Deckung.

"Halt dich fest!" brüllte Sir Lanzelot durch das Visier, und das war keine Sekunde zu früh. Donnerhuf setzte ab und sprang über die Ochsen, den Karren und den Kutscher, der die Arme schützend vor sein Gesicht hielt. Mitten im Sprung spießte Sir Lanzelot einen großen, saftigen Kürbis auf seine Lanze.

Alle Leute in den Straßen und Gassen, selbst der Kutscher mit dem Ochsenkarren, erhoben sich und winkten mit ihren Hüten und Tüchern in der Luft. Sie riefen aus Herzenslust lachend:

"Hurra, hurra, auf Sir Lanzelot und Donnerhuf!"

Sir Lanzelot lachte tosend hinter dem Visier, denn er war ein richtiger Ritter und liebte Lärm und jubelnde Zurufe.

Sie galoppierten weiter auf eine Zugbrücke zu, die sich gerade senkte. Jesper drückte die Finger fest um den Rand des Sattels und dachte, daß der gute Herr Ritter jetzt aber übertrieb. Aber Donnerhuf sprang wieder, über die Kante der Zugbrücke und kurvte am Ende gerade in den Hof des Schlosses, zum großen Vergnügen von allen, die es sahen. Und das waren viele.

Die Trompeter bliesen, und die Hofdamen kamen auf den Balkonen hervor, von wo sie Sir Lanzelot blaß anlächelten, um seine Gunst zu gewinnen.

'Vielen Dank!' dachte Jesper Aksel Bergmann. 'Denk nur, wenn man so einen als Vater hätte!'

"Heute Abend wollen wir feiern," polterte Sir Lanzelot und sah verstohlen zu den bleichen Hofdamen auf den Balkonen. Ein wahrer Regen aus bestickten Taschentüchern schwebte vor ihren Augen auf den Hof des Schlosses.

"Du kannst anfangen, für mich Taschentücher zu sammeln," flüsterte Sir Lanzelot.

"Warum?" fragte Jesper. "Bist du erkältet?"

"Nein, eh..." Sir Lanzelot räusperte sich geräuschvoll. Dann brach er in ein tiefes Gelächter aus. "Erkältet?" brüllte er und schlug Jesper Aksel Bergmann freundschaftlich auf den Rücken, daß ihm die Luft wegblieb und er ganz grün im Gesicht wurde.

"Du hast Verstand im Kopf, du kleiner Schelm," rief er und alle um ihn herum lachten, selbst Donnerhuf.

"Du wirst eines Tages Ritter," sagte Sir Lanzelot. "Ich werde dich zu meinem Knappen machen!"

"Ich bin nicht ganz sicher, ob..." begann Jesper Aksel Bergmann.

"Quatsch, Knecht, du bist zu bescheiden," rief Sir Lanzelot munter. "Du mußt nur nach den Dingen streben, zu denen du Lust hast, wenn du im Leben vorwärtskommen willst!"

'Das sollten meine Eltern mal hören,‘ dachte Jesper. 'Und Lehrer Jörgensen...‘

"Nun," sagte Sir Lanzelot, "wollen wir eine königliche Mahlzeit einnehmen!"

Sie gingen die breite Schloss Treppe hinauf und in den gewaltigen, weißen Palast.

Er war wirklich phantastisch, der Anblick, der Jesper Aksel Bergmann aus Holte erwartete.

Dort hingen gewebte Teppiche an den Wänden mit Motiven von Drachen und Rittern im Kampf. Es hingen Bilder von Drachenrittern dort, die ausgezogen waren um einen zu fangen, der Kartzan hieß, und die nie zurückgekehrt waren. Jesper dachte, wer Kartzan wohl war, während sie unter den gewölbten Dächern weitergingen.

Viele Ritter empfingen sie, oder besser, empfingen Sir Lanzelot. Denn Jesper Aksel Bergmann schenkten ehrlich gesagt nicht viele überhaupt einen Gedanken. Sie sahen alle gewaltig aus, in Rüstungen und Panzerhemden, und jeder mit einem Abzeichen auf dem Stoff des Umhangs, der ihre Brust bedeckte. Sie hatten alle solche gleichzeitig ernsten und munteren Augen, und sie konnten einen mit so einem durchbohrenden Blick ansehen, das man sich richtig genierte.

Es duftete nach Essen, Wein und Blumen - und nach dem Parfum der blassen Hofdamen.

Dann traten sie in den großen Saal des Schlosses, durch zwei spitzgebaute Türen, die mindestens so hoch sein mußten wie in Rundetårn in Kopenhagen...

Hinten am entferntesten Ende des Saales erhob sich der König in seinem weißen Hermelinmantel und grüßte Sir Lanzelot.

Sir Lanzelot kniete nieder und streifte mit der Hand über den Boden. Jesper Aksel Bergmann machte es wie er.

"Willkommen," grüßte König Lejon.

"Danke, gnädiger König," antwortete Sir Lanzelot ehrerbietig. Er erhob sich schwer und winkte Jesper zu, daß er dasselbe tun sollte.

König Lejon schritt würdig die Treppe vom Thron hinab. Die Königin blieb in ihrem beschnitzten Thronstuhl sitzen, so blaß und unbeweglich, als wäre sie aus Elfenbein.

"Und wer ist der Steppke an deiner Seite?" fragte der König und ließ Jesper allergnädigst einen untersuchenden Blick zukommen.

"Ein Junge, den ich unterwegs gefunden habe," antwortete Sir Lanzelot langsam.

Der König stellte sich vor ihnen auf. Er war nicht so groß wie Sir Lanzelot, aber bedeutend dicker. Er hatte fette, blasse Finger mit vielen juwelenbesetzten Goldringen. Die Krone, die er trug war schwer, und verursachte eine Falte auf seiner Stirn, selbst wenn er lächelte. Der Hermelinmantel war so lang, daß er auf dem Boden hinter ihm her schleifte. Seine Augen lagen tief in dem dicken Gesicht - aber sie waren freundlich und milde.

"Er ist wirklich ein schlauer Junge, Ihre Gnaden. Ich dachte, wir könnten mit ihm vielleicht eine Ausnahme machen?"

Sir Lanzelot betrachtete den König, der sich nervös um den Mund schleckte. Während er den Jungen weiter untersuchend anstarrte, fragte er: "Und wer bist du? Und wo in aller Welt kommst du her?"

Sein Blick wanderte an Jesper hinauf und hinunter, der ja so ganz andere Kleidung anhatte, als alle anderen trugen.

Sir Lanzelot blinzelte ihm vertraulich zu.

"Ich heiße Jesper Aksel Bergmann," antwortete er.

"Gnädiger König," flüsterte Sir Lanzelot.

"Gnädiger König," fügte Jesper hinzu.

Der König lächelte, daß die Augen ganz in Falten verschwanden.

"Und?"

"Und ich komme aus Holte," flüsterte Jesper.

Der König hob die Augenbrauen. "Erzähl mir, wo dieses Holte ist, mein kleiner Freund?"

"Es ist dort entlang," flüsterte Jesper und zeigte hinaus durch die hohen, an den Seiten geschliffenen Fenster.

Der König drehte sich und schaute - über den Park, die Festungsmauer auf die Berge weit, weit weg. Darauf sah er Sir Lanzelot fragend an, der mit den Schultern zuckte. Er war begleitet von einem anderen, als ich ihn traf. Sie waren auf dem Weg zum Meer."

Eine Totenstille senkte sich über den Saal.

Die Hofdamen, die um die Königin standen und mit gedämpften Stimmen miteinander sprachen, starrten noch bleicher als vorher auf sie herab. Und alle diese vornehmen Männer mit Seidentaschentüchern und juwelenbesetzten Schwertschäften drehten sich zu dem Jungen um und betrachteten ihn mit zusammengekniffenen Augen.

Sir Lanzelot legte beschützend eine Faust auf Jespers Schulter, so schwer, daß er in die Knie sank. "Der andere nannte sich Zola und hatte die Gestalt eines Jungen."

Er sprach mit tiefer, schnarrender Stimme, wie nur ein richtiger Ritter es tun kann.

"Aber ich durchschaute ihn sofort und entlarvte ihn später."

Die Augen aller ruhten abwechselnd auf Sir Lanzelot und Jesper Aksel Bergmann.

"War er - war es...?" fragte der König rauh.

Sir Lanzelot brummte und nickte. "Es war ein Drachen!" antwortete er. "Bloß ein junger Drache, nicht viel mehr als ein paar hundert Jahre alt."

Es war so still, daß man eine Nadel auf den Boden hätte fallen hören können.

Der König rückte etwas von Jesper weg, während er ihn immer noch abschätzend ansah.

Die Drachenritter, die vorher so munter gewesen waren, als sie Sir Lanzelot trafen, und gar keine Spur Aufmerksamkeit Jesper gewidmet hatten, traten nun näher. Sie hielten die Hände bedenklich nahe den Schwertschäften, und ihre Blicke waren hart und angespannt.

"Was soll das?" polterte Sir Lanzelot.

"Wie können wir wissen?" fragte der König. "Er könnte ja ein Drache wie der andere sein?"

Sir Lanzelot zog Jesper dicht an sich heran und polterte los:

"Bei diesem meinen Schwert, Donnerklinge, behaupte ich, daß er ein Junge ist. Den, der meine Urteilskraft in Hinsicht auf Drachen bezweifelt, bitte ich, es jetzt zu sagen!"

Ein Lächeln breitete sich langsam über das Gesicht des Königs, und jetzt war er es, der mit den Schultern zuckte.

"Na ja, dann ist die Sache aus der Welt."

Die Ritter, die in einem Kreis um sie herum Aufstellung genommen hatten, entspannten sich und lachten genauso.

"Und das ist gut so," setzte der König fort. "Denn jetzt wollen wir eine königliche Mahlzeit einnehmen."

Er klopfte mit den Händen gegen seinen dicken Wanst und betrachtete ihn zärtlich.

"Einen Augenblick," quakte eine schneidende Stimme. Sie blieben alle stehen und wandten ihre Aufmerksamkeit dem zu, der jetzt hervortrat.

"Das ist doch ganz deutlich ein ganz gewöhnlicher Junge," behauptete der Neuankömmling an Jesper gewandt und tätschelte ihm den Kopf.

"Ich bin nicht gewöhnlich," sagte Jesper Aksel Bergmann. "Ich bin ein sehr schlauer und ungewöhnlicher Junge!"

Sir Lanzelot lachte und lächelte zustimmend.

Er war ein Zauberer. Er glich zumindest einem Zauberer. Aber wo Merlins Mantel blau war, war seiner schwarz wie die Nacht, und statt Merlins Sonne, Monden und Sternen war sein Mantel geschmückt mit goldenen, gestickten, feuerspeienden Drachen. Darüber hinaus war er sehr dünn, was Zauberer ja sind, und seine Haut war bleich und pergamentartig wie die der Hofdamen. Das Gesicht war lang und schmal und an seinem spitzen Kinn wuchs ein langer, spitzer Bart. Die Augen - sie waren strahlend blank und grün und schienen ein wenig zu schielen.

Er rieb sich seine krummen Hände, während er schmunzelnd sagte: "Was habt ihr euch gedacht, wollt ihr mit diesem Jungen machen?"

Jesper Aksel Bergmann hatte plötzlich ein eisiges Gefühl im Nacken.

"Ich werde ihn zu meinem Knappen machen!" sagte Sir Lanzelot. Es war etwas in seinem Tonfall, daß andeutete, daß es keine Diskussionen darüber geben konnte.

Aber trotz allem erhob sich sofort ein Sturm des Protests.

Alle riefen wie aus einem Munde und fuchtelten wild mit den Armen in der Luft.

Jesper stand mitten in dieser drängelnden Lärmerei und dachte, daß sie ihn noch Fragen würden, was er davon hielte. Und er dachte, daß er eigentlich gerne nach Hause wollte, jetzt da die Uhr so gesehen schon recht viel nach vier war, und er das erste Mal in seinem Leben, komisch genug, Lust hatte zu Hause in seiner eigenen Stube zu sitzen - und Hausaufgaben zu machen!

Aber so sollte es nicht kommen. Überhaupt nicht...

Der Zauberer flüsterte etwas in das Ohr des dicken Königs Lejon.

"Der Zauberer hat Recht!" sagte der König. "Trefino hat Recht!"

Das laute Rufen dämpfte sich, denn es war verboten, zu rufen und zu schreien, wenn der König das Wort hatte. Aber Flüstern, das taten sie, denn das war nicht verboten.

"Wir müssen ihn in die Keller sperren, genau wie die anderen Kinder - es sei denn..."

Der König bückte sich und sah Jesper freundlich an.

'Jetzt fragt er mich, ob ich nicht lieber nach Hause will,' dachte Jesper.

"Wie alt bist du, mein Freund?"

"Eh, ich bin elf Jahre alt, Ihre allergnädigste Majestät," antwortete Jesper.

"Elf Jahre," sagte der König laut. "Das entscheidet es. Er muß eingesperrt werden."

Sir Lanzelot schäumte vor Wut. Aber er beherrschte sich, denn es gehörte sich nicht, nicht einmal für einen Drachenritter, dem König zu viel entgegenzusetzen.

"Es sei denn..." Trefino sprach schleppend langsam.

"Es sei denn?" fragten sie alle wie aus einem Munde.

"Es sei denn, er verspricht drinnen zubleiben. Es ist ja kalt und trist geworden, nachdem alle Kinder eingesperrt worden sind.

Es gibt kein Kinderlachen, keine kleinen, frohen Stimmen in den großen, leeren Sälen..." Trefino seufzte klagend, während er eine bleiche, fahle Hand auf seine Brust legte, genau über dem Herzen. Er sah Jesper starr mit listigen Augen an.

Alle, die dort waren, sahen den Jungen in ihrer Mitte mit blanken, melancholischen Augen an. Dann putzten sie die Nasen mit ihren bestickten Taschentüchern und schnaubten gerührt.

"Wir könnten ja Sir Lanzelot die schwere Verantwortung übertragen," flüsterte Trefino schmeichlerisch, "über den Jungen zu wachen und aufzupassen, daß sie ihn nicht holen."

Er kniff die Augen zusammen und sah sich langsam um. "Keiner, und ich meine keiner, kann es wohl besser tun als er?"

Sir Lanzelot glotzte sich verwirrt um.

Die Ritter standen und lachten über seine verständnislose, grimmige Miene. Aber der König nickte und ihm schien, das es eine gute Idee war.

Trefino rieb sich die Hände und schlich weg.

"Es soll deine Pflicht und deine Verantwortung sein von diesem Augenblick an," sagte der König. "Du hast den Auftrag bekommen, auf diesen Jesper Aksel Bergmann aufzupassen und sicherzustellen, daß die Drachen nicht kommen und ihn holen!"

Und dabei blieb es.

Drei Freunde

Dann speisten sie, oder richtiger fraßen, tranken, spielten, lachten, brüllten aus vollem Halse und fraßen wieder - so wie es Brauch war an König Lejons Hof in Khanpur.

Die Hofnarren schlugen Räder und das Orchester spielte, sodaß der Putz in großen Stücken von der Decke herabrieselte.

Mitten in dieser Orgie mit am Spieß gebratenem Wildschwein, Trüffeln in Wein und schweren Tonschüsseln mit Schokoladenpudding saß Jesper Aksel Bergmann und dachte, daß er es bei diesen Manieren nicht wagen würde, einen einzigen zu sich nach Hause einzuladen. Er wußte jetzt, daß es etwas gab, das wilder und noch lauter war, als ein Kindergeburtstag in Holte. Und das sagt man nicht so leicht.

Es waren unglaubliche Mengen an Speisen, die sie verschlingen konnten, die lustigen Ritter und der dicke König.

Die Hofdamen saßen in einem angrenzenden Saal und nippten an den Speisen, wie es sich für feine Damen gehört.

Die Ritter saßen in einer Runde um einen riesigen, runden Tisch.

Auf einem offenen Stück Fußboden in der Mitte stand ein großer, schmiedeeiserner Kübel, in den sie die abgenagten Knochen schleuderten. Die drei Wolfshunde des Königs liefen um den Eisenkübel herum und schnappten nach den Knochen, die angeflogen kamen. Wenn einer der Knochen die Seite traf, schlugen sich die Hunde um ihn unter wildem Fauchen und Knurren.

Jetzt war es so, daß Jesper Aksel Bergmann, der ja immer der zu sein pflegte, der die Schuld wegen seiner schlechten Manieren bekam, fast verärgert war, und sich danach sehnte, zu Hause bei seinen nervigen Eltern Abendbrot zu essen.

Denn, wie er bei sich selbst dachte, im Grunde war es sehr gemütlich und friedlich dort.

Nachdem das große Fest zu Ende war, und nachdem Mengen von Speisen und Met verschlungen worden waren, wankten die Ritter jeder zu sich nach Hause.

Der König schleppte sich nach oben in seine Gemächer, und ein willkommener Frieden senkte sich über den Palast.

Nur Sir Lanzelot saß noch und knabberte etwas an einer Wildschweinlende, während er über die Widerwärtigkeiten des Lebens nachdachte.

"Das ist mir noch nie Passiert," rumpelte er wütend.

Jesper Aksel Bergmann schwieg, denn er konnte sich beherrschen.

Sir Lanzelot drehte den Kopf und sah ihn an.

"Kindermädchen," seufzte er. "Sie haben mich zum Kindermädchen gemacht - mich, der von jedem Drachen gefürchtet wird bis ans Ende der Welt."

"Bist du böse auf mich?" fragte Jesper.

Sir Lanzelot schüttelte den Kopf. "Nein, aber ich bin böse auf Trefino, obwohl es nicht schlau ist, sich mit einem Zauberer anzulegen. Man weiß ja nie..."

Er lachte ein wenig und trocknete die Finger in einem Tuch. "Er könnte es ja fertig bringen, mich in eine Kröte zu verwandeln."

Sie lachten beide über diese Bemerkung.

Jesper war darüber erleichtert, daß Sir Lanzelot seinen Zorn nicht gegen ihn richtete, und lachte pflichtschuldig über alles, was er sagte.

Dann plötzlich ertönte ein erschrecktes Lärmen und Rufen.

"Haltet ihn!" rief eine wütende Stimme.

"Das kann ein verkleideter Drache sein!" schrie ein anderer.

Das waren die Wachen.

Jesper und Sir Lanzelot hatten es noch nicht einmal geschafft, aufzustehen, als ein großer, schwarzer Vogel in den Saal geflattert kam und über dem runden Tisch kreiste. Während er kreiste, betrachtete er all die Reste mit weit aufgerissenen Augen.

"Schwarzer Sigurd!" rief Jesper und fuhr hoch.

Sir Lanzelot erhob sich, schwer und übergessen, und zog mit großen Beschwerden sein Ritterschwert Donnerklinge aus der Scheide. "Hüte dich, du doppelzüngige Schuppenmaske!" rief er laut.

Jesper zog ihn mit aller Kraft am Ärmel.

"Das ist mein Rabe," sagte Jesper, "du darfst ihm nichts tun."

Sigurd landete auf dem Tisch mitten zwischen den abgenagten Knochen und halbvollen Weingläsern.

"Gibt es hier Krabben?" fragte er und vergaß ganz, Jesper Aksel Bergmann zu begrüßen, wegen dem er doch weggeflogen war, um ihn zu suchen.

"Bahn frei!" rief Sir Lanzelot. Dann hackte sich die Klinge in die Tischplatte, genau hinter Sigurd, der mit einem Hähnchenschenkel in den Krallen flüchtete.

"Was für ein Empfang," krächzte der Rabe beleidigt.

Sir Lanzelot stutzte. "Kann... kann er sprechen?"

"Ja, selbstverständlich," antwortete Jesper. "Und eine Menge andere Sachen."

Der Ritter ließ sich auf den Stuhl zurückfallen und glotzte den Vogel verwundert an, der ihn wütend anglotzte.

"Du bist doch ein seltsamer Junge," seufzte Sir Lanzelot. "Mit ganz seltsamen Freunden."

"Das hab ich mir gedacht," krächzte Sigurd, während er den Blick über den Tisch mit all den Leckereien schweifen ließ. "Ich sagte zu mir selbst, sagte ich: Sigurd, wo ist wohl dieser kleine Schelm, dieser Jesper Aksel Bergmann?" Sigurd hob einen Flügelspitze an seine Schläfe. "Dort wo es reichlich zu fressen gibt, natürlich!"

"Das ist mein Freund, der Schwarze Sigurd," sagte Jesper an Sir Lanzelot gewandt.

"Und das ist Sir Lanzelot," sagte er an den Raben gewandt. "Er ist ein Drachenritter."

"Drachen? Sagtest du Drachen, Fister?" schmatzte Sigurd.

Jesper nickte. "In Khanpur wimmelt es vor Drachen, Sigurd."

"Dann gilt es zu essen, solange man es noch kann," schlürfte Sigurd. "Drachen sind ganz verschlagene Biester."

"Dich mag ich," polterte Sir Lanzelot und lachte.

Darauf knallte er sein Schwert in die Scheide und rülpste sehr laut.

"Das kann ich auch," krächzte Sigurd, und dann lachten sie alle drei.

"Warum sind hier keine Kinder?" fragte Jesper.

Sigurd sah sich um, während er sich vollstopfte. "Du hast Recht, Fister. Wo sind alle Kinder hin?"

Sir Lanzelot starrte träumend auf den Eisenkübel, der halb voll mit abgenagten Knochen war.

"Die sind allesamt in einem Kloster versteckt, weit weg von hier," seufzte Sir Lanzelot. "Aber nur bis sie erwachsen geworden sind."

"Warum?" fragte Sigurd. "Und wo sind die Krabben?"

"Der Alte Drache, Kartzan, braucht ein Kind," begann Sir Lanzelot, "und wenn sie einen Jungen unter zwölf Jahren erwischt, dann ist es um uns geschehen."

"Wie alt bist du nochmal?" fragte Sigurd in einer Pause zwischen zwei Oliven.

"Elf Jahre," seufzte Jesper Aksel Bergmann.

"Dann hau lieber ab in den Keller," schmatzte Sigurd, "das ist das sicherste. Dann sind wir auch befreit und haben keine Drachen hier, die herumrennen und dich suchen."

"Manchmal könnte ich diesen Vogel würgen," dachte Jesper.

"Einmal vor langer Zeit gelang es den Drachen, einen Jungen zu rauben. Einmal vor sehr langer Zeit."

"Was geschah dann?" wollte Jesper gerne wissen.

"Es war der Prinz von Khanpur, den sie raubten. Aber der König sandte einen Jäger hinterher, und der Jäger erschoß ihn in letzter Sekunde. Das war eine sehr traurige Geschichte. Heute geben wir ihnen keine Chance. Alle Kinder von Khanpur wachsen in einem Kloster in den Bergen auf, weit entfernt von hier. Die Mönche dort beschützen sie, denn auch sie kennen etwas von Zauberei. Die Kinder bleiben dort bis zu ihrem vollen zwölften Lebensjahr. Danach werden sie auf Höfe in den Bergen geschickt, wo die Drachen sie nicht finden können. Aber man sagt, daß Drachen einem Kind ansehen können, wie alt es ist. Und es kommt vielleicht daher, daß sie nie ein Kind von einem der Höfe in den Bergen geraubt haben. Sie sehen an ihnen, daß sie zu alt sind, sagt man."

"Wozu brauchen die Drachen die Kinder?"

"Sie fressen sie wohl," meinte Sigurd.

Sir Lanzelot schüttelte den Kopf. "Die alte Kartzan ist vom Haß auf Menschen erfüllt, nachdem sie ihren Gefährten töteten. Aber das ist auch schon viele Jahre her," seufzte der Ritter müde. "Der, der die Dracheninsel anschaut, kann sehen, daß immer eine schwache Rauchsäule von der Spitze der Felsen in den Himmel steigt. Das ist Kartzan, die an ihrem Elixier braut. Das hat sie seit siebenhundert Jahren getan. Eine Geschichte erzählt, daß sie vorher schon siebenhundert Jahre daran gebraut hat, bevor sie das richtige Rezept fand. Das einzige, was ihr fehlt ist ein lebendiger Junge unter zwölf Jahren. Er soll in den dampfenden, heißen Topf gesteckt werden, während es Nacht ist, denn dann werden die Kräfte des Mondes im Elixier gebunden - und er muß in einem Unwetter hineingesteckt werden, genau, wenn ein Blitz seine blauweißen Fangarme über den Himmel zeichnet."

"Aber..." begann Jesper.

Sir Lanzelot hob den Arm und Jesper schwieg. Der Ritter sah ihn an, mit Augen, die so hart waren wie der Stahl, aus dem Donnerklinge geschmiedet war.

"Und er muß lebend hineingeworfen werden!" flüsterte er rauh.

Jesper Aksel Bergmann erstarrte und begann zu schwitzen, als ihm einfiel, daß er der einzige Junge war, den dieser Drachen nun erwischen konnte. Er warf einen unsicheren Blick auf die riesengroßen Fensterscheiben und folgte den treibenden Wolken draußen mit den Augen.

"Tjah," seufzte Sigurd. "Aber selbst wenn sie dich fangen, Fister, ich werde bis zuletzt bei dir sein. Wenn dir das also ein Trost ist?"

"Ja, danke, Sigurd," flüsterte Jesper. "Das ist gewaltig nett von dir."

"Ach, keine Ursache."

Dann kam Sigurd ein fürchterlicher Gedanke. Er sah Sir Lanzelot an und flüsterte mit Furcht in der Stimme: "Drachen tun doch Vögeln nichts, oder?"

Sir Lanzelot sah ihn verständnislos an.

"Kleinen, unschuldigen Vögeln wie mir," flüsterte Sigurd mit weinerlicher Stimme.

"Na - nein, das glaube ich nicht," antwortete der Ritter. "Sie würden es gar nicht schmecken, wenn sie so einen wie dich 'runterschlucken würden. Sie könnten dich höchstens in den falschen Hals kriegen." Er lachte laut über diese ausgelassene, amüsante Bemerkung.

"Gut, gut," schnatterte Sigurd und bekam wieder Appetit.

"Nun bin ich müde," sagte Jesper. "Wann geht man hier in Khanpur zu Bett?"

"Alle anderen liegen schon und schlafen, mein kleiner Knappe," antwortete Sir Lanzelot. "Puh, wie bin ich schlapp. Ich werde auch zur Ruhe gehen."

Er sah Jesper direkt in die Augen und sagte: "Vergiss nicht, daß da, wo ich hingehe, auch du hingehst. Du darfst nie weiter von mir weg sein, als daß mein Schwert dich zu jeder Zeit beschützen kann!"

Jesper nickte stumm. Es war wirklich ernst, das hier. Weit ernster, als das, was er gewöhnt war.

Dann standen sie auf und verließen den Saal.

Sigurd nahm so viel Essen wie er konnte zwischen die Krallen und folgte ihnen.

Die Wachen grüßten sie schläfrig, als sie sich nach oben in Sir Lanzelots Turm begaben. Etwas später lagen sie warm unter den Decken.

Sir Lanzelot schnarchte wie ein ganzes Sägewerk.

Der Schwarze Sigurd saß am Fußende von Jespers Himmelbett mit den Flügeln über dem Kopf, um etwas Ruhe zu haben.

Jesper Aksel Bergmann lag mit dem Kopf auf dem Kissen und sah hinaus in den Regen und die vorbeiziehenden Wolken. Er dachte an den Drachen Kartzan und wünschte so innig, daß er bald Geburtstag hätte, denn dann wäre er zwölf Jahre, und dann wäre vieles leichter.

Aber es dauerte nicht lange, bis sie alle drei fest schliefen.

Während sie schliefen, trieben Wolken voller Regen über Khanpur hinweg von der Dracheninsel im Meer.

Es frischte auf, unmerklich leise, bis der Wind um die Türme im königlichen Palast heulte und die Fahnen lärmend gegen die Dächer schlugen.

Die Drachen kommen

"Die Drachen kommen!"

Die Schreie gellten von der Wache auf der Festung. Sie rannten im Regen herum, während die Panzerhemden jedes Mal glänzten, wenn ein Blitz krachend den Weg über den Himmel fand.

"Die Drachen kommen!"

Der Schwarze Sigurd erwachte. "Psst, Fister!"

Jesper Aksel Bergmann erwachte mit einem Ruck und setzte sich auf. Er saß mit offenem Mund da und horchte in die Dunkelheit mitten in dem großen Himmelbett.

Wenn ein Blitz aufleuchtete konnte er den Umriß von Sigurd sehen, der auf der Bettdecke saß - steif und unbeweglich, wie er selbst.

"Die Drachen kommen!" Die Rufe klangen zu ihnen herein, nur allzu deutlich.

Es ertönte ein Rumsen, gefolgt von einem wütenden Gebrüll, worauf es an der Seite, wo Sir Lanzelot gelegen und geschlafen hatte, polterte und lärmte. Dann kam er mit dem Schwert, das hinter ihm her schleifte, aus der Dunkelheit gestürzt.

Jesper zog die Decke ganz unter das Kinn und rollte sich zusammen, denn er war noch nicht richtig wach und von all dem Lärm erschreckt.

'Jetzt,‘ dachte er. 'Gerade jetzt, könnte ich mir gut denken, nach Hause zu kommen!‘

Sir Lanzelot verschwand lärmend auf den Flur und die Wendeltreppe hinunter. Der Schwarze Sigurd tauchte aus seinem Versteck am Fußende hervor und sah Jesper an.

"Solltest du dich nicht in seiner Nähe halten?" flüsterte er.

"Das kann ich doch nicht schaffen, Sigurd. Er ist ja schon weg, und ich hab' keine Ahnung, wo meine Hose ist."

Sigurd zuckte mit den Flügeln. "Es regnet auch in Strömen, Fister. Es ist viel netter hier drinnen."

Jesper schlich sich aus dem Bett und dann auf Zehenspitzen zur offenstehenden Balkontür.

Die dicken, bestickten Gardinen wallten über den Boden, denn es stürmte und regnete draußen.

Sigurd hatte sich hinter ihm hergeschlichen.

Jesper schrak zusammen, als Sigurd über seinen Fuß fiel.

"Ich bin's nur, Fister!"

Jesper wollte ein paar harte Worte zu Sigurd sagen, der so plump war und ihm so einen Schock versetzt hatte. Aber gerade als er den Satz beginnen wollte, entdeckte er mehrere kolossale Schatten, die schnell über den Himmel glitten. Als es blitzte, sah er sie noch deutlicher, und es war ein schrecken erweckender Anblick. Es gab keinen Zweifel. Er hatte sie in Abenteuerbüchern gesehen - und dies war ja ein Abenteuer.

Es waren Drachen!

Gerade diese Nacht war ein ganz schreckliches Wetter.

Die Soldaten wimmelten schlaftrunken auf den Bastionen mit Schwertern und Äxten in den Händen. Und obwohl sie auch sehr gefährlich aussahen, vermochten sie es nicht zu verstecken.

Sie hatten mindestens genauso viel Angst vor den Drachen wie Jesper Aksel Bergmann und sein gefiederter Vogelfreund, der Schwarze Sigurd.

Nur die Drachenritter waren voller Kampfeseifer, und das war auch gut so. Denn sie waren die einzigen, vor denen die Drachen in Khanpur Respekt hatten.

Die Drachen kreisten niedrig über den Brüstungen und den Türmen der Drachenritter. Sie bemerkten den Regen nicht, der herunterströmte, sondern schwebten schwer über den Dächern.

Aus ihren enormen Rachen quollen Fluten aus Feuer, das die Laufgänge hinter den Schießscharten zum Brennen brachte.

König Lejons Soldaten verteilten sich in alle Windrichtungen, während sie laut um Hilfe riefen.

Sir Lanzelot, der so brutal aus seinem süßen Schlaf geweckt worden war, hatte schon längst sich selbst, Donnerhuf, Donnerkeil und Donnerklinge in den Kampf geworfen. Dann hatte er beide völlig vergessen, den Jungen und den Raben, die im Versteck hinter der Gardine standen und alles sahen, was geschah.

Sie sahen ihn über die holprigen Pflastersteine sprengen, während er schimpfte und fluchte und das Schwert über seinem Kopf schwang.

"Was machen wir?" fragte der Schwarze Sigurd, während er sich an Jespers Bein drückte, um sich etwas in Sicherheit zu fühlen.

"Wir bleiben hier, Sigurd! Wir rühren uns nicht vom Fleck!"

"Willst du nicht den Helden spielen?" fragte Sigurd.

Jesper schüttelte den Kopf, während er hinter der Gardine hervor sah.

Die Blitze schnitten über den Himmel hinunter und der Donner dröhnte zwischen den Türmen und Dächern, sodaß beide, Jesper und Sigurd sich die Ohren zuhalten mußten.

Während sie so dastanden, kam jemand durch die Tür in Sir Lanzelots Turm. Als Sigurd sich umdrehte, um zu versuchen, ein besseres Versteck zu finden, entdeckte er ihn. Er hackte Jesper ins Bein, bis der sich umdrehte.

"Man hat vielleicht Angst vor den schlimmen Drachen?" sagte eine schmeichlerische Stimme zwischen zwei Donnerschlägen. Es war Trefino, der königliche Zauberer. Er stand so gut im Schatten, daß er schwer zu entdecken war. Nur das bleiche, spitze Gesicht erschien im Licht des Feuers der Drachen.

Wieder bekam Jesper dieses merkwürdige, eisige Gefühl im Nacken. Sigurd schlang vor lauter Schreck die Flügel um Jespers Beine.

"Komm her zu mir, mein liebes Kind," zischte Trefino. Er stand und rieb seine gekrümmten Hände gegeneinander, wie er es immer zu tun pflegte.

"Ich hab eigentlich mehr Lust, aus dem Fenster zu springen," gab Jesper Aksel Bergmann mit zitternder Stimme zu.

Trefino ging mit zur Seite ausgebreiteten Armen auf ihn zu. "Komm zu mir, wir können Kartzan nicht warten lassen!"

Seine Stimme klang rauh und verstellt, und seine Augen strahlten wie im Fieber, als er den Namen des alten Drachens nannte.

"Hau ihm eine 'runter!" krächzte Sigurd. "Vergiß nicht, du bist ein Held - hau ihm eine 'runter!"

Mehrere schwarze Schatten kamen durch die Tür gelaufen. Sie eilten genau auf Jesper Aksel Bergmann zu, griffen ihn an den Armen und liefen dann wieder durch die Tür hinaus. Sie waren groß und stark und stürzten davon mit Jesper zwischen sich hängend. Nur ab und zu berührten seine Füße den Boden, und es war unmöglich für ihn, irgendetwas dagegen zu tun.

Der Schwarze Sigurd, der sich an sein Bein geklammert hatte, wurde mitgenommen.

Sie hatten es die Treppe hinunter geschafft, die von Sir Lanzelots Turm führte, und weiter durch einen Gang zur Küche, als ein Wachposten in Rüstung und mit federgeschmücktem Helm sie entdeckte.

"Halt, im Namen des Königs!" brüllte er. Er hielt den Schaft einer Hellebarde mit beiden Händen, und hörte sich nicht so an, als würde er jemanden vorbeilassen.

"Puh," dachte Jesper. "Das war im letzten Augenblick."

Trefino trat aus dem Schatten hervor und sah ihn hart an.

"Wohin so schnell?" rief die Wache.

"In den Keller, mein guter Mann. Wir müssen diesen schönen Jungen verstecken, bevor die Drachen ihn finden."

Einer von Trefinos Helfern hielt seine Hand über Jespers Mund, sodaß er nichts sagen konnte.

Aber Sigurd, der sich immer noch an sein Bein klammerte, jammerte laut: "Sie entführen uns - sie bringen uns zu den Drachen - sie sind ganz schlimme Schurken!"

Die Wache konnte Sigurd nicht sehen, weil es so dunkel war. Darum glaubte er, daß es Trefino war, der zauberte, und ließ ihn passieren, denn auch er hegte großen Respekt vor dem Zauberer.

Sie hasteten weiter, während Jesper versuchte seinem Bewacher in die Hand zu beißen. Aber obwohl es sich oft in einem Film machen läßt, glückte es ihm nicht.

Sie wirbelten hinaus durch eine schwere Tür und standen plötzlich im königlichen Park mitten im Regen.

Trefino lachte sein teuflisches Lachen, denn er war guter Laune und, wie er meinte, dabei, sich die Welt untertan zu machen.

Sie liefen weiter durch einen versteckten Geheimgang in einer Mauer und kreuzten den Wallgraben, der mit Speeren gefüllt war, auf einer schmalen, zerbrechlichen Brücke.

Draußen vor dem Schloß, gerade dort, wo die Brücke die andere Seite des Wallgrabens erreichte, hielt eine von Pferden gezogene Kutsche und wartete. In diesen Wagen sprangen sie hinein, mit Jesper Aksel Bergmann unter den Armen und dem Schwarzen Sigurd, der sich an sein Bein klammerte.

Aber nun hatte Trefino genug.

Sigurd hatte gekrächzt und sich den ganzen Weg durch das Schloß und den Park gewehrt.

Er griff Sigurd, würgte ihm die Luft ab, bis er seinen Griff löste, und ihn aus dem Fenster schleuderte.

"Fertig mit dem kleinen Schreihals," lachte er zufrieden, während er sich zu Jesper lehnte und ihm in den Arm kniff.

"So jung und fest im Fleisch," schmunzelte er. "Du wirst dich gut in Kartzans Topf machen, mein Junge."

"Aber, aber..." begann Jesper Aksel Bergmann, der kurz vorm heulen war. Selbstverständlich heulte er nicht, denn er war ja ein großer, mutiger Junge von elf Jahren. Aber es war dicht dran!

Das Pferdegespann zog, die Hufe funkelten auf den Pflastersteinen, die Räder rumpelten und die Kutsche jagte durch die Dunkelheit und den Sturm über die Straßen - auf die Ebene zu.

"Das laß ich mir nicht gefallen!" krächzte Sigurd erregt, nachdem er verwirrt auf die Beine gekommen war und wieder Luft bekommen hatte.

Er spähte durch die Dunkelheit und entdeckte den Wagen, der um eine Hausecke fuhr und verschwand.

'Soll ich - soll ich nicht...' dachte Sigurd, der spekulierte, ob er Sir Lanzelot holen und die Kutsche aus den Augen verlieren - oder die Kutsche verfolgen und den Drachenritter aus den Augen verlieren sollte. Zuletzt beschloß er, hinter Jesper herzufliegen, der am meisten Gesellschaft gebrauchen konnte, in dieser für ihn so tragischen Situation. Er hob ab, stieg über die Dächer der Häuser und folgte der Kutsche aus der Stadt.

Henrik

Auch in Holte waren Blitz und Donner.

Und obwohl es spät war, und alle gewöhnlichen Kinder warm in ihren Betten lagen, stand dort ein Junge an einer Straßenecke und wartete. Aber wenn die Wahrheit gesagt werden soll, und das muß sie ja zu dem einen oder anderen Zeitpunkt, so war er ganz und gar nicht gewöhnlich. Es war nämlich Henrik.

Er war durchgeweicht von dem strömenden Regen, und er fror, weil es kalt war, aber er blieb stehen. Die Brille beschlug mitten auf seiner Nase, sodaß er gezwungen war, sie abzunehmen und sie zu putzen. Aber trotzdem blieb er stehen. Allein das ist ja ziemlich ungewöhnlich.

Er spähte in alle Richtungen, denn er wußte nicht wer da kommen würde und woher sie kommen würden - oder ob überhaupt jemand kommen würde.

Er hatte lange gewartet.

Wie so oft, wenn man lange wartet, ohne daß etwas geschieht, beginnt man daran zu zweifeln, ob überhaupt etwas geschehen wird. Und dann sehnt man sich nach seinem warmen Bett, wenn man mitten in einem Gewitter steht und fühlt sich etwas dumm.

Aber dann, mitten in einem strahlenden, schmerzenden Blitz, geschah es.

Der Wind rauschte in den alten Bäumen vor der Schule von Holte, und der Donnerschlag hatte gerade begonnen, als er geradewegs aus dem Feuer und dem Blitz ritt.

Seine Rüstung war glänzend wie aus Chrom. Genauso seine Lanze, ja selbst die Decke des Pferdes. Dessen Hufe funkelten auf dem feuchten Asphalt der Straße, als es auf den verfrorenen Henrik zu schritt, der an der Straßenecke wartete.

Mit einem chromglänzenden Handschuh schlug er das Visier hoch und fragte: "Kennst du den Weg nach Khanpur, dem Drachenreich?"

"Ja!" rief Henrik S. Sörensen, denn wenn er was wußte, dann das. Er zeigte nervös in den Wald und nickte. "Es ist den Weg entlang. Sie müssen nur den Pfad entlang, gerade durch zwischen den Bäumen, über das offene Stück mit all den Baumstümpfen. Danach..."

Der Ritter schlug mit der Hand aus und klopfte mit einem feuchten Klatschen das Hinterteil des Pferdes.

"Sitz auf, du Jüngling. Es ist keine Zeit für zu viel Gerede. Zeig mir den Weg, daß ich ausziehen und Ruhm und Ehre auf dem Schlachtfeld der Drachen gewinnen kann!"

Darauf streckte er eine riesige, verchromte Faust herunter und zog Henrik auf das Pferd.

"Auf in den Kampf!" Sein rauher Ruf hallte durch Holtes Straßen, während sie in den Wald donnerten und zwischen den Bäumen verschwanden.

Sie folgten der Rute, die wir alle inzwischen so gut kennen.

Zuletzt blieben sie vor dem kleinen Haus am Abhang stehen.

Die Tür mußte zugeweht worden sein, denn sie war geschlossen. Henrik sprang vom Pferd des Ritters hinunter und versuchte, sie zu öffnen. Aber die Tür klemmte und der Ritter war ungeduldig.

"Tritt zur Seite, mein Bursche. Dann werde ich dir wohl zeigen, wie ein wahrer Lanzenkämpfer gegen alles ankämpft, ausgenommen Felsen und Verachtung von schönen Frauen!"

Er senkte die Lanze, das Pferd scharrte mit dem Vorderbein auf der Erde und das Visier schlug mit einem lauten " Klonk!" zu.

"Wer sind sie, Herr Ritter?" fragte Henrik.

"Sir Gawain," tönte es hohl aus dem Helm. "Sir Gawain aus Abenteuerland. Geschickt vom Zauberkönig Merlin, um den kleinen Spaßmacher, diesen Jesper Aksel Bergmann zu befreien - möge er immer noch leben!"

"Ich heiße Henrik S. Sörensen," sagte Henrik und wollte sich verbeugen. Aber stattdessen war er gezwungen, um sein Leben zu springen, denn Sir Gawain dröhnte geradewegs auf ihn zu - und die Tür, mit gewaltiger Geschwindigkeit.

Henrik rollte auf der Erde herum, während der Ritter aus Abenteuerland die Tür durchstieß, die zerschmetterte und splitterte, daß es eine reine Freude war.

Nur das Geräusch der Pferdehufe, die auf dem Boden des Tunnels klapperten, hing noch etwas in der Luft.

Dann war er weg. Alles, was er hinterließ, war ein gähnendes schwarzes Loch in der Wand.

Henrik blieb etwas stehen, während er sich wieder besann.

Dann begab er sich zurück durch den Wald. 'Mit dieser Art Freunde hat man wirklich schon Probleme, bevor alles schwarz aussieht,' dachte er.

Und da war etwas dran.

Wie lange er wartete, hatte er keine Ahnung. Denn ehrlich gesagt war er so damit beschäftigt nach mehr Leuten von Sir Gawains Art Ausschau zu halten, daß er vergaß, auf die Uhr zu sehen.

Und dann, als da plötzlich ein Polizeiwagen angefahren kam, dachte er nicht daran, daß es schon ein Uhr nachts war. Er blieb darum stehen, als ob es das natürlichste der Welt war.

Der Polizeiwagen fuhr langsam vorbei, aber die Polizisten sahen prüfend auf Henrik. Etwas später blieben sie auf der Straße stehen und fuhren rückwärts. Einer von ihnen kurbelte die Fensterscheibe herunter und redete in den Regen hinaus.

"Ist es nicht schon über deine Bettzeit hinaus, junger Mann?" wollte der Polizist wissen.

"Ja !" sagte Henrik.

"Warum stehst du hier mitten in der Nacht?"

Henrik zuckte etwas mit den Schultern. Er konnte fast nicht anfangen, zu erzählen, was hier geschah, denn sie würden ihm unter Garantie nicht glauben.

"Versuch zu hören, ob sie eine Vermissten Meldung von einem Jungen haben," sagte der eine Polizist.

Der andere nahm ein kleines Radio mit einer Spiralschnur und rief die Station.

"Wie heißt du?" fragte der Wachtmeister.

"Henrik," antwortete Henrik und spähte die Straße hinunter.

"Setz dich ins Auto," sagte der Polizist, "dann fahren wir dich besser nach Hause."

Henrik trat etwas zurück, während er den Kopf schüttelte.

"Das kann ich nicht, denn da sind welche, die den Weg nicht finden können."

"Und wer ist das?" fragte der Polizist und lächelte nachsichtig.

Henrik seufzte. Wie in aller Welt sollte er das erklären...

Dann passierte es!

Mitten in einem Blitz geschah es wieder.

Der Polizist, der mit dem Radio, verlor es auf seinen Schoß, und der andere saß nur da und starrte und starrte durch die Frontscheibe, als ob er noch nie so etwas gesehen hatte.

"Der da!" sagte Henrik. "Das ist der, auf den ich gewartet habe, und er kann den Weg nicht finden, denn er kennt sich hier in Holte nicht aus."

Der Polizist antwortete nicht. Seine Kinnlade hing seltsam weit unten auf die Brust hinunter und seine Augen waren so groß, daß sie aussahen, als ob sie jeden Augenblick aus seinem Kopf fallen würden.

"Du großer Knast!" murmelte er und wagte nicht, Luft zu holen.

Es war in Wirklichkeit ein König.

Selbst Henrik, der inzwischen mit Abenteuerfiguren ganz vertraut war, verlor aus lauter Freude die Sprache.

Er ritt auf einem großen, weißen Pferd mit einer hellen, blauen Decke. Er war in die weißeste Rüstung gekleidet, die man sich denken konnte, und das Visier war hochgeklappt. Auch er hatte eine lange Lanze mit Wimpeln in der einen Hand. Aber er war

nicht allein, denn hinten auf seinem Pferd saß ein Zwerg. Der
Zwerg hielt sein Schild, das mit den schönsten roten Rosen
geschmückt war. Er kam mit rasender Geschwindigkeit den
Weg hinunter.

Er bemerkte das Polizeiauto und das schnarrende Radio und
die zwei sprachlosen, großen Polizisten nicht. Er sah nur den
Jungen, der so treu dastand und wartete.

"Der König vom Rosengarten - und Dworf..." seufzte Henrik,
denn die kannte er. Ganz gewiß hatte er sie nie vorher getroffen,
aber Jesper hatte von ihnen und vom Land hinter den Nebeln
erzählt.

Der König vom Rosengarten lächelte auf ihn herab.

"Und du mußt Henrik sein - Merlin erzählte, daß du warten
würdest. Zeig uns jetzt bloß den Weg, damit wir den kleinen
Spaßvogel zu denen nach Hause holen können, die ihn mögen."

"Geradeaus den Wald Pfad hinunter, dorthin..."

Henrik erklärte ihnen den Weg. Inzwischen betrachteten sie
ihn geduldig, denn sie wußten, daß er es machte, so gut er
konnte.

"Nein, hör mal.." rief der eine Polizist, der endlich wieder zur
Tat erwacht war.

Der König vom Rosengarten betrachtete ihn mit seinen
sanften, traurigen Augen.

"Ich bin gezwungen, euch alle zu verhaften," sagte der Polizist und stieg aus dem Auto.

Sie lachten, der König vom Rosengarten und der Zwerg
Dworf. Dann reckte der König Henrik seine Hand entgegen und
zog ihn zu sich hoch auf das Pferd. Und dann donnerten sie den
Fußweg hinunter und in den Wald, in weniger Zeit, als die
Polizisten brauchten, um mit den Augen zu blinzeln.

"Wagen 3, sie haben gerufen?" schnarrte das Radio.

Die Polizisten sahen unentschlossen auf das kleine Mikrofon.

"Du großer Knast..." murmelte der eine wieder.

"Wagen 3, bitte melden!"

"Was sollen wir ihnen sagen?" fragte der andere.

Sie sahen sich lange an, bevor sie antworteten. Dann drückten sie aufs Radio.

"Es war nichts - es war ein Fehler," murmelten sie beschämt. Sie dachten, was Henrik etwas eher gedacht hatte: Daß es keinen Erwachsenen auf der ganzen Welt gab, der ihnen glauben würde, wenn sie es erzählten. Aber sie dachten auch, daß die Kinder der ganzen Welt es sofort glauben würden.

Wartezeit

Henrik saß auf einem Stein, am Rand der Lichtung, bei dem kleinen Haus im Wald.

Sie hatten ihn abgesetzt, weil es zu gefährlich wäre, hatten sie gesagt. Aber sie hatten ihm eine Rose gegeben, eine höchst ungewöhnliche Rose, die er schützend zwischen den Fingern hielt. Sie duftete so wunderschön, daß sie ihm ganz den Kopf verdrehte. Sie hatten gesagt, daß er sie zu Hause in seinen Garten pflanzen könne - aber er hatte keinen Garten. Also mußte er sie in den Blumenkasten pflanzen, dachte er, und hoffen, daß sie dort leben konnte.

Dann war es, als ob der Donner in den Wald hineinzog, gerade über die Stelle, wo er saß. Es blitzte und knisterte; Himmel und Erde waren eins, genau über seinem Kopf.

Er hatte keine Angst. Denn er wußte, was es war. Das war Zauberei - Merlins Zauberei, die Holte auf den Kopf stellte.

Die Donnerschläge rollten hin und her zwischen den Bäumen.

Wind und Regen peitschten ihm ins Gesicht, ohne daß er es bemerkte. Er saß bloß da und zeigte mit der Hand auf das gähnende, schwarze Loch in der Hauswand, um ihnen den Weg zu zeigen.

Sie wimmelten aus den Blitzen, all die seltsamen Geschöpfe aus Abenteuerland. Es gab keine Grenzen für das, was er sah, denn alles, was Jesper ihm erzählt hatte, zeigte sich nun, als die reinste, leibhaftige Wahrheit.

Prinz Dur von Symphonien kam in gestrecktem Galopp durch den Wald geritten. Während er ritt, spielte er die abenteuerlichsten Melodien auf seiner verzauberten Laute. Es war, als ob die Musik ihn vorwärts trug; ihn und alle, die ihm folgten.

Und alle sahen sie Henrik an und begaben sich auf dem Weg fort, den er zeigte.

Da waren die Soldaten aus dem Park um das Zuckerschloß, der schläfrige Hund mit den Augen so groß wie Teetassen, das Schwein aus Marzipan mit dem Messer und der Gabel im Rücken, das Elfenvolk mit Pfeilen und Bögen und Löchern im Rücken - es war alles da, was kriechen oder laufen konnte.

Und es kamen immer mehr, während die Blitze über den Himmel tanzten.

Dann - war es plötzlich still.

Nun gab es nur noch eine Sache, für den Jungen, der allein im Wald saß. Das einzige, was er machen konnte war: Warten...

Entführt

Während die Kutsche über Stock und Stein fortschaukelte, kämpfte Jesper Aksel Bergmann wild gegen seine Wächter. Er trat, schlug riß, biß, rief und schrie - und hoffte, daß ihn jemand hören und kommen würde, um ihn zu befreien.

Aber ach - er war nur ein Junge von elf Jahren, und gerade in dem Augenblick, als er das dachte, fühlte er sich obendrein auch so.

Das war etwas ganz Neues, sich so klein zu fühlen, dachte Jesper Aksel Bergmann.

Sie hielten ihn fest wie in einem Schraubstock, während sie ihm die Hände auf den Rücken banden.

Danach steckten sie ihm ein parfümiertes, besticktes Taschentuch in den Mund und wickelten ein anderes um sein Gesicht.

Mit dem Aufblinken eines Blitzes sah er kurz seine Wächter. Er sah jetzt, daß der eine von ihnen der Junge Zola war, der gar kein richtiger Junge, sondern ein junger Drachen war. Zola grinste ihn böse an, und entblößte seine langen, gelben Zähne. Dann drehte er ihm die Seite zu und spuckte aus dem Fenster.

"So bekommen wir dich trotzdem," murmelte Zola heiser und flüsternd.

Trefino rieb sich immer noch die Hände, und Jesper überlegte, ob sie nicht bald ohne Haut waren.

Die zwei anderen mußten auch junge Drachen sein, denn sie hatten dieselben grünen, steinharten Augen wie Zola.

Alle drei sahen sie Jesper Aksel Bergmann hungrig an, der wie eine Roulade zusammengeschnürt war.

"Vergiß nicht, was wir abgemacht haben," sagte Trefino und schwang einen mahnenden Zeigefinger in der Luft.

"Ja, ja, Mann!" sagte Zola verzerrt. "Kartzan wird sich schon an die Abmachung halten. Sogar an eine Abmachung mit einem Mistkerl wie dir."

Dann lachten die Drachenjungen ihr rauhes Lachen, während Trefino sie beunruhigt ansah.

"Hmfpluhgnb..." rief Jesper Aksel Bergmann.

In Wirklichkeit rief er: "Was ist das für eine Abmachung?" Aber das konnte keiner hören, denn das parfümierte Taschentuch entstellte seine Stimme vollkommen.

Zola und die anderen jungen Drachen lachten schrill. Ihre Augen waren so blank, daß sie leuchteten, jedes Mal wenn ein Blitz niederschlug. Selbst Trefino lachte, obwohl er immer noch nachdenklich und unruhig aussah.

Die Kutsche rollte so lärmend und heulend über die Ebene, daß es jemanden geben mußte, der es hörte.

Irgendwann sahen sie einen verchromten Ritter, der weit weg am Rande der Berge den entgegengesetzten Weg ritt. Aber er war mit dem Kampf zwischen den Drachen und König Lejons Rittern beschäftigt, der in der Ferne tobte.

"Hmfgnburgofk..." rief Jesper Aksel Bergmann hinter dem Taschentuch, denn er erkannte den Ritter wieder. Es war Sir Gawain aus Abenteuerland.

Etwas später war er außer Sicht.

Einen Augenblick danach passierte ein anderer Ritter die Kutsche in naher Entfernung. Seine Rüstung war kreideweiß, und er hatte einen Zwerg hinter sich auf dem Pferd, um sein Schild zu halten. Das Schild war geschmückt mit einer tiefroten Rose, so wunderschön gemalt, daß man glauben konnte, es wäre eine echte.

Obwohl Jesper wieder diese unverständlichen Worte hinter dem Taschentuch rief, hörten sie ihn nicht. Nur die jungen Drachen hörten ihn, und sie schrien fauchend vor Lachen über all sein Unglück und seinen gequälten Gesichtsausdruck, und sie sahen ihn schadenfroh an, mit Augen, die so böse, so böse, so böse waren.

Über König Lejons Burg in Khanpur wurde jetzt mit allen Kräften gekämpft.

Nie vorher hatte ein solcher Kampf stattgefunden, denn nie vorher war es geschehen, daß die Drachen dieses Khanpur mit einer solchen Todesverachtung angegriffen hatten.

Die Ritter spannten die großen Drachenbogen und schickten einen Regen von Pfeilen in die Dunkelheit hinauf zwischen die Blitze. Die Drachen schienen nicht besondere Notiz davon zu nehmen, wenn sie getroffen worden waren.

Erst, als Sir Gawain seinen Einzug hielt, und die Zugbrücke unter großem Jubel herunter gekurbelt wurde, begann der Kampf sich zu wenden. Denn er war ehrlich gesagt ein Schrecken einflößender Anblick, wenn man eben ein Drache war.

Als etwas später der König vom Rosengarten seinen Auftritt hatte, und seine schneeweiße Rüstung in der Dunkelheit aufleuchtete, wollte der Jubel kein Ende nehmen. Mit sich brachte er die Rosen aus dem Rosengarten, und die Liebe, die gerade sie erfüllten. Er zeigte ihnen, wie sie an jeden der speerschweren Pfeile eine Rose festbinden sollten, bevor sie ihn abschossen.

Jetzt wurden die Drachen verwundet, wenn sie getroffen waren und stürzten auf die Erde, wo sie um ihr Leben kämpfen mußten.

Weil Drachen nichts Gutes in sich haben, selbst in ihrem Allerinnersten nicht, sagte man. Die Rosen mit den heilenden Kräften, die aus der Liebe in dem entstanden, der sie gepflegt hatte, waren wie Gift für die gewaltigen Monster.

Sie zogen die Schwerter, die tapferen Ritter, und kämpften sich durch die Flammen aus den blutroten Rachen der Drachen.

Ein wahrer Dunst aus Schwefel legte sich schwer über Khanpur.

Die schuppigen Schwänze peitschten über die Pflastersteine und die Schwerter heulten zwischen den Blitzen und Donnerschlägen.

Dann tauchten sie alle auf. Prinz Dur, der Mut in ihre Herzen spielte, die Soldaten des Königs von Abenteuerland, das Elfenvolk mit den langen, schmalen Bogen und viele, viele andere.

Nur einer nahm nicht am Kampf teil. Das war das Schwein aus Marzipan - mit dem Messer und der Gabel im Rücken. Das zog sich grunzend zurück in den Rittersaal, wo es die Reste von König Lejons üppiger Mahlzeit knabberte, während es wartete.

Denn Marzipanschweine können nicht gegen Drachen kämpfen. Stattdessen aß es sich dick und rund, sodaß Marzipan für alle da war, die Appetite darauf hatten, wenn der Kampf erst einmal überstanden war.

Als der letzte Drachen im Hof der Burg lag, mit der Zunge aus dem Rachen und dem schuppigen Körper, verwundet von unzähligen Schwerthieben, ging der König vom Rosengarten mit dem Schwert zum Schlag gehoben auf ihn zu. Der Drache hatte fast keine Kräfte mehr. Er starrte ihn bloß mit schadenfrohen, bösen Augen an.

Der König vom Rosengarten blieb vorsichtig an der Seite des gewaltigen Kopfes stehen, denn er glaubte, daß er immer noch Feuer speien und ihn damit töten könnte. In der anderen eisenbeschlagenen Faust hielt er eine Rose, so tiefrot und hübsch und wunderschön duftend. Er klappte das Visier hoch und betrachtete den Drachen.

"Wo ist der Junge?" flüsterte er unruhig. Denn sie hatten das ganze Schloß abgesucht, ohne ihn zu finden. Selbst den Schwarzen Sigurd, seinen Raben, hatte man nicht gefunden.

"Hhhssss..." seufzte der Drachen, der nicht mehr lange zu leben hatte.

"Erzähl es mir," bat der König vom Rosengarten leise.

Die Blitze und die Donnerschläge waren weiter weggezogen, in Richtung auf das Meer. Es war so leise, daß man die Drachenschuppen über die Pflastersteine scheuern hören konnte, wenn er versuchte, sich zu bewegen.

"Er ist bei Kartzan," flüsterte der Drachen heiser. "Bei allen meinen Brüdern und Schwestern, die hier vor meinen Augen getötet liegen - er ist bei Kartzan!"

Es senkte sich ein düsteres Schweigen über alle, die so froh gewesen waren, daß die Drachen überwältigt waren.

"Wie ist das geschehen?" wollte der weiße Ritter wissen.

"Das ist die List der Drachen," stöhnte der Drache. "Das ist die List der Drachen."

Und dann starb er.

Es gab einen wilden Aufstand, fast wie vorher, als der Kampf hin und her wogte. Es war nicht nur Jesper Aksel Bergmann, um den sie fürchteten, sie fürchteten auch um sich selbst. Denn sie wußten, was geschehen würde, wenn Kartzan einen Jungen unter zwölf Jahren entführen und ihn zur Dracheninsel bringen konnte.

Sir Gawain und Sir Lanzelot trennten den Kopf des Drachens von seinem Körper ab, denn man konnte nie sicher sein, meinten sie.

Der König vom Rosengarten holte sein Pferd und saß auf. Denn er mochte dieses Töten nicht gerne, dafür liebte er die Lebenden zu sehr. Er würde nur töten, wenn es den Jungen befreien könnte. Er sprengte durch die Straßen davon und weiter über die Ebene, in Richtung auf das Meer.

In der Ferne war ein Strahlen am Himmel, das er erst für Morgengrauen hielt.

Aber es war das Höllenfeuer unter Kartzans Kessel, auf dem Gipfel der Felsen der Dracheninsel.

Der König ritt in diese Richtung, weil er dachte, daß dort, wo es ein Feuer gab, das mit einem so kalten Schein brannte, die

Kräfte zu finden waren, die er bekämpfen wollte. Und natürlich dachte er auch, daß es sein könnte, daß Jesper Aksel Bergmann dort war.

Kartzan

Die Kutsche hielt zwischen den letzten niedrigen Dünen am Strand. Kaum war die Tür aufgestoßen, da zogen sie Jesper Aksel Bergmann auch schon heraus und schleppten ihn zum Meer.

Weit weg, hoch über dem Horizont, glühte das Höllenfeuer von Kartzans Feuerstelle zum Himmel hinauf.

Jesper Aksel Bergmann wußte, daß es jetzt ernst wurde. Er hatte fürchterliche Angst und ihm schien, daß es ganz und gar widersinnig war, am meisten, weil er viel zu jung war, um zu sterben. Aber ganz egal, wieviel er auch an den schnürenden Stricken riß, konnte er sich nicht befreien. Je mehr er riß und zappelte, je lauter amüsierten sich die jungen Drachen über sein Elend.

Trefino wanderte hinter ihnen, mit einem dreckigen Blick in den Augen.

Denn die Drachen hatten ihm ein Versprechen gegeben, das nun eingelöst werden sollte.

Dann blieben sie stehen.

Erst jetzt entdeckte Jesper, was da am Rande des Strandes lag und wartete.

Dort, wo die Wellen sich brachen und zu Schaum wurden, dort, wo das Tosen der Brandung über den Strand rollte, erhob sich ein Berg aus dem Wasser.

Aber es war kein Berg - es war ein gewaltiger, schuppiger Drache.

Allein sein Kopf war größer als die Kutsche mit den Pferden und allem Drum und Dran.

Er lag mit dem Unterkiefer auf dem Sand, während er schwer und zischend atmete. Aus seinem enormen Rachen stank es nach Schwefel und Verwesung in seinem Inneren. Seine Haut war dick wie knorrige Eichenrinde und grau und vernarbt wie ein Felsen. Die Klauen, die unter seinem Bauch hervorsteckten, waren so lang wie die Lanzen der Drachenritter und krumm wie Stoßzähne.

Während er zischend Luft holte breitete sich ein so erschreckender Gestank über dem Strand aus, daß beiden, Jesper Aksel Bergmann und Trefino übel wurde.

Aber das schlimmste waren die Augen. Sie lagen tief in den knorrigen Falten der Haut, die wie Beutel um seine Augenhöhlen hing. Die Augäpfel waren wie ein Mosaik aus einem Gemisch von grün und gelb. Und mitten in jedem Auge teilte ein schwarzer Strich sie in zwei Teile, so wie die Augen eines Krokodils. Es war keine Barmherzigkeit in diesen Augen wie aus Stein, es gab keine Gnade in diesem uralten Wesen - keine Hilfe für den Jungen war zu erwarten, der steif vor Schreck am Rande des Wassers stand.

Der gewaltige Drache schlug mit dem Schwanz, nur ein kleiner Schlag zur einen Seite. Dabei erhob sich eine Welle, die schäumend an den Strand spülte.

Die jungen Drachen mußten Jesper festhalten, um zu verhindern, daß die Strömung ihn ins Meer saugte.

"Dann ist er also endlich gekommen, dieser Junge," rumpelte der Drachen, sodaß die Erde unter ihren Füßen bebte.

Die jungen Drachen lachten etwas unsicher, aber nicht sehr lange.

Jesper sah jetzt in ihren Augen, daß auch sie den alten Drachen fürchteten, fast genauso sehr wie er.

"Ich bin Kartzan!" rumpelte sie weiter, und die Erde bebte wieder.

Jesper vermochte nicht einmal, zu nicken.

Sie betrachtete die jungen Drachen mit einem kalten Blick. "Zieht nach Khanpur, zu König Lejons Schloß, und kämpft den bitteren Kampf," zischte sie hart.

Die jungen Drachen, die immer noch die Gestalt von großen Jungen hatten, blieben unentschlossen stehen. "Aber wir haben noch kein Feuer," protestierte Zola klagend. Er schwitzte wie große Jungen schwitzen, wenn sie ein schlechtes Gewissen haben.

Kartzan zog eine ihrer enormen Klauen durch das Wasser, sodaß es um ihre Beine schäumte.

"Heißt das nun," flüsterte Kartzan rauh und drohend, "daß die Jungen einen Aufruhr gegen die Alte versuchen?"

Sie schüttelten den Kopf und die Beine zitterten, denn sie hatten fürchterliche Angst.

"Zieht also von dannen, bevor ihr meinen Zorn erweckt," polterte Kartzan verbissen. "Meinen alles verwüstenden, alles auslöschenden, todbringenden Zorn..."

Sie verwandelten sich vor den Augen von Jesper und dem Zauberer, die großen Jungen. Sie nahmen die Gestalt von Drachen an, mit grünen, blutunterlaufenen Augen und Zähnen, die wie gelbe Messer vor ihren blutroten Rachen standen.

Dann hoben sie ohne einen Mucks ab, als ob sie sich mit ihrem Schicksal abgefunden hätten.

Vielleicht dachten sie, es sei immer noch besser, als Kartzans Zorn.

Der letzte Drache, der abhob, war Zola, denn er war immer noch der schmächtigste von ihnen allen, ausgenommen der Alten, die keiner von ihnen zum Narren halten konnte.

Und es erwies sich später, viel später; daß es gerade Zola war, den der König vom Rosengarten traf, der letzte, der in König Lejons Schloßhof sterben sollte.

Als sie über die Felsen verschwunden waren, starrte Kartzan lange und intensiv Jesper Aksel Bergmann an.

"Gerade du warst es, den ich haben wollte," seufzte sie zufrieden. "Du kennst dich so gut aus mit Abenteuern, daß man fast nicht mehr weiß, was wirklich und unwirklich in deiner Seele ist. Es schlummern gewaltige Kräfte in so einer Seele."

Trefino entfernte das parfumgetränkte Taschentuch aus seinem Gesicht.

"Was würdest du geben, um am Leben zu bleiben?" fragte der Drachen Kartzan.

Jesper Aksel Bergmann, der allzu erschüttert war, um klar zu denken, stand einen Augenblick ganz still da, bevor er langsam mit den Schultern zuckte. "Ich hab' nicht recht viel Geld," flüsterte er entschuldigend.

"Es sind nicht Gold und Edelsteine, die ich wünsche!" zischte Kartzan beleidigt. Es flammte ganz schwach auf, zum ersten Mal, tief in dem nach Verwesung stinkenden Rachen.

Ein leichter Gestank nach Schwefel dunstete über Jesper und Trefino, und sie hielten beide einen Augenblick den Atem an.

Der Zauberer stand hinter dem Jungen, mit einer Hand fest um seinen Kragen geschlossen.

"Was ist das Kostbarste, was du hast?" flüsterte Kartzan.

Selbst wenn sie flüsterte, wurde bei jedem Atemzug Sand über Jespers Füße geblasen.

"Mein Leben..." seufzte Jesper, der nicht weinen konnte.

"Hmmm," murmelte der alte Drache. "Du überrascht mich, du kleine Menschenbrut. Aber das meinte ich gar nicht. Du mußt mir noch ein Angebot machen."

Kartzan schätzte ihn durch die tauben Augen ab. "Oder willst du lieber, daß ich dich gleich töte?"

"Nein, nein..." Jesper leckte sich nervös den Mund und versuchte fieberhaft, seine Gedanken zu steuern. Er dachte flüchtig daran, zu flehen und um sein Leben zu bitten und hoffte, daß sie genug von ihm bekommen und ihn leben lassen würde.

Irgendwo mußte etwas Gutes in diesem gewaltigen, alten Körper sein. Es war in allem etwas Gutes, hatte seine Mutter immer gesagt. Das mußte auch für Drachen gelten. Aber gleich fiel ihm wieder der Anblick von Zola und den jungen Drachen ein und die Art, wie sie Kartzan betrachtet hatten. Und da wußte er, daß es keine Gnade gab für einen kleinen Jungen wie Jesper Aksel Bergmann in Kartzans tauber Seele.

"Meine Mutter und mein Vater!" rutschte es ihm aus dem Mund. "Und den Schwarzen Sigurd und Fie und Henrik und Morten."

Kartzan betrachtete seine kleinen, geballten Hände, die in der Luft fuchtelten.

"Und warum sind sie kostbar für dich?" zischte sie.

"Weil ich sie liebe," flüsterte Jesper Aksel Bergmann und dachte, daß es das unmöglich sein konnte.

"Die Fähigkeit, Liebe zu suchen und zu finden," polterte Kartzan mit Flammen, die um ihren Kiefer leckten. "Die Fähigkeit zu lieben, ist dein kostbarster Besitz?"

Jesper nickte, denn das war es ja eigentlich, was er gesagt hatte, auch wenn es nur mit anderen Worten war. Ein eisiges Gefühl kroch an seinen Schulterblättern entlang und machte ihm Gänsehaut.

"Ooohh..." flüsterte Kartzan heiser und wälzte ihren gewaltigen Körper durch das Wasser.

Trefino hielt Jesper fest am Kragen, bis die Wellen sich gelegt hatten. Auf einmal wandte er den Blick auf die Felsen und spähte in die Dunkelheit, die über der Ebene ruhte.

Ein Geräusch nahm langsam zu und wurde zum Lärmen von Pferdehufen. Ein Pferd, das in Richtung auf den Strand und das Meer kam, in gestrecktem Galopp. Und er hörte das Rasseln eines Schwertes und Schildes und das schwache Klirren einer Rüstung.

Trefino drehte sich blitzschnell zu Kartzan um. "Was ist mit dem Versprechen? Was ist mit deinem Angebot für dieses Kind?"

Kartzan hob ihren Kopf und starrte ihn aufgebracht an. Das Wasser strömte von Kiefer und Kehle, während sie schwer atmete.

"Du kennst den Wortlaut meines Versprechens," zischte sie kalt. "Du bekommst, was dir zusteht, wenn ich bekomme, was mir zusteht."

"Hier ist er!" rief Trefino ungeduldig und gab Jesper einen Schubs, sodaß er vornüber in den Sand fiel.

"Komm zu mir," zischte der alte Drache.

Jesper Aksel Bergmann sah auf in die Augen, die glühten, wie das Höllenfeuer auf der Insel der Drachen. Er wollte aufhören und versuchte, die Augen zu schließen, aber er konnte es nicht.

Er erlebte, daß etwas Merkwürdiges geschah. Es war schwer für ihn die Gedanken bei denen zu Hause zu halten, bei denen er nun Trost fand, wenn er an sie dachte: Mutter, Vater, Fie, Cherri, Henrik, Morten.

Der alte Drache drängte in seine Gedanken und riß sie los - all das, was ausmachte, das Jesper Aksel Bergmann gerade der war, der er war, und nicht ein Junge wie Zola. Kartzan hatte nicht die Absicht, in seiner Seele den Platz einzunehmen, sondern ihn all dieser Eigenschaften zu berauben, die ihm gehörten.

Und Jesper verstand nicht, was vorging. Er stand bloß da und ließ es geschehen, denn er konnte nichts tun, während ein Schatten in ihm wuchs und wuchs und ihm Angst machte.

Es war, als wenn etwas aus einem Becher kippte; etwas, das an ihm klebte, aber zuletzt doch hinausfloß. Und all das, was ihn froh machte, war dabei hinauszufließen und zu zerbröckeln, als...

Hilfe

Die Hufe des Pferdes trommelten auf dem Sand, als es zwischen den Dünen hervorschoß und weiter auf sie zu ans Strandufer.

Und so kam es, daß Kartzan ihn loslassen mußte, um sich dem Ritter zuzuwenden.

Jesper sank im Sand zusammen und die Wellen spülten um ihn herum, wie er da an der Wasserkante lag.

Weit weg hörte er Dworfs Stimme rufen. Dworf hielt das Schild an der Seite des Ritters, das Schild mit der tiefroten Rose. Der Ritter zog sein Schwert, während er ritt, das Schwert, das so kreideweiß war wie die Rüstung, die er trug.

Gerade, als er auf den Jungen zu wollte, der fast leblos im Sand lag, hielt er an und machte Front gegen Kartzan.

Der alte Drache hob sich auf die Vorderbeine, während das Meer unter seinem Bauch ein saugendes Dröhnen von sich gab.

"Es kann nicht geschehen!" rief der König vom Rosengarten laut.

"Es wird geschehen..." zischte Kartzan. Das Feuer tropfte wie schmelzende Glut von ihrem Kiefer; Glut die brodelnd in dem schaumbedeckten Wasser verschwand.

"Ich kann es nicht geschehen lassen!" rief der einsame König.

Kartzan legte den Kopf zurück und öffnete den Kiefer zu einem weiten Rachen. Dann sandte sie einen nach Schwefel stinkenden Strom aus Feuer zu den Sternen.

Nach einer Pause senkte sie den Blick und betrachtete den Ritter, mit einem höhnischen Schimmer in ihren glühenden, gebrochenen Augen.

Der König reckte dem alten Drachen eine geballte Stahlfaust entgegen. "Auch ich kann Dinge verrichten, die imponierend wirken auf die, die sie nicht verstehen!" Mit diesen Worten öffnete er den Handschuh und ließ sie sie sehen. Es war eine

Rose; eine lebende, tiefrote Rose mitten in dem harten Stahl der Faust.

Kartzan betrachtete sie kalt und mißtrauisch. Ein gewaltiger Zorn strömte in ihr nach oben. Die Augen wurden ganz blank von dieser Wut, denn sie waren nicht mehr unter Kontrolle.

Kartzan legte den Nacken zurück und krümmte ihren ganzen, gewaltigen Rücken. Als sie Luft einsog, hörte es sich an, als ob ein Sturmwind über das Land fegte.

Jesper Aksel Bergmann, der auf die Ellbogen gestützt am Strand lag, wußte, daß jetzt alles vorbei war. Er war von Grauen ergriffen bei dem Gedanken, daß sein Leben damit enden sollte, daß er lebendig in einen dampfenden Topf mit dem Elixier eines Drachens gesteckt werden sollte. Aber besser das - und lieber schnell überstanden - dachte er. Denn dieses grauenerweckende leere Gefühl, das er in sich erlebt hatte, bevor der einsame König gekommen war, hatte sich für immer in seine Seele geprägt. Er schaffte, was so viele schaffen, wenn plötzlich alles ganz schwarz aussieht, er schaffte in diesen ganz kurzen Augenblicken über ganz viel nachzudenken.

Es war bloß merkwürdig, was er gerade in diesem Augenblick fühlte, es war Mitleid mit dem alten Drachen, Kartzan…

Merlin

Ein heulender, vielarmiger Blitz jagte den Himmel hinab. Die glühenden Arme tanzten über den Sand am Ufer dahin, zwischen Kartzan und den Menschen am Strand. So gewaltig war dieser Blitz, daß er die ganze Landschaft mit einem einzigen, weißglühenden Schein erleuchtete, der sie alle blendete.

Kartzan, die eine Welle aus Feuer über den Strand schicken wollte, zog erschreckt den Kopf weg und atmete langsam aus.

Denn Drachen erkennen Zauber, wenn sie ihn sehen - wohl, weil sie ihn selbst manchmal gebrauchen.

Der Zauberkönig Merlin trat aus diesem gigantischen Blitz, während das Donnern fortzog, ganz zu den Bergen, weit, weit weg am Horizont. Es stürmte in einer einzigen Sekunde los, und ein peitschender Wind fegte über die Ebene auf das Meer zu, wo die Wellen sich meterhoch um Kartzans gewaltigen Körper erhoben.

Sie waren scharf wie Klingen aus Macht und Verstand, Merlins zwei strahlende Augen. Er hob die Arme gegen den Himmel und sagte eine Zauberformel.

Die Blitze tanzten wieder, dieses Mal in großer Zahl.

Sie knisterten und schlugen in das Meer um Kartzan herum.

Einen Augenblick war sie wie gefangen in einem Käfig aus Blitzen. Aber sie zeigte keine Anzeichen von Furcht und floh nicht, wie jeder andere es in einer ähnlichen Situation getan hätte.

Merlin betrachtete sie, während er ihr diese, seine gewaltigen Kräfte zeigte. Er wußte, daß sie nicht erschreckt werden konnte, denn es gibt Wesen auf der Welt, die sich nicht einschüchtern lassen. Vielleicht, dachte er, weil sie nichts zu verlieren haben.

Aber er zeigte ihr, daß auch er sich nicht einschüchtern ließ, schon gar nicht von einem listigen, alten Drachen.

Sie warteten, bis der Wind sich abgeschwächt und das Meer sich geglättet hatte.

Während die Donnerschläge weit in der Ebene noch schwach wiederhallten, sagte der König der Zauberer: "Es ist doch eine fürchterliche Unordnung, die jedes Mal entsteht, wenn Jesper Aksel Bergmann sich in die Welt der Abenteuer begibt!"

Er sah auf Jesper hinunter, der so lang wie er war im Sand lag.

Jesper sah etwas flau aus, aber auch erleichtert, jetzt, wo Merlin gekommen war.

"Wir beide..." setzte Merlin an Kartzan gewandt fort, "wir haben gewaltige Kräfte. Aber wenn wir zusammen sind, haben sie keine Bedeutung mehr."

"Du sprichst in Rätseln," knurrte Kartzan langsam.

Merlin hob mahnend einen Finger. "Du mußt ihn freilassen, da gibt es nichts rätselhaftes," rief er zornig aus.

Der enorme Körper schaukelte sanft, während Kartzan lachte.

"Du hast kein Recht, ihn zu nehmen. So wahr ich Merlin bin - nimm dich in Acht!" Die letzten Worte rief der Zauberkönig mit aller Kraft seiner Lungen.

Der Drache sah ihn an. Sein Augenlid war halb geschlossen und wirkte schwer - so, als ob er sehr schläfrig war. Es war seine Art, ihm seine Verachtung zu zeigen.

Als er sprach klang es mehr wie ein Gähnen, als eine Antwort an einen Zauberkönig.

"Ich nehme, was mir gefällt, zu nehmen. Es ist nie vorgekommen, daß ich etwas zurückgegeben habe, was ich ehrlich gestohlen habe."

Merlin begann einzusehen, daß es schwer werden würde, es mit ihr aufzunehmen. Er wußte auch, daß er sich nie vorher auf einen Kampf gegen ein so uraltes Wesen wie Kartzan eingelassen hatte. In Wirklichkeit war er sich nicht sicher, ob er sie überwinden konnte, selbst nicht mit all der Zauberei, die er sich in einem langen Leben beigebracht hatte.

Als er auf Jesper hinab sah, der sich jetzt eifrig zuhörend hingesetzt hatte, entdeckte der Junge diese Unsicherheit in Merlins Augen. Und da bekam er richtig Angst, denn da wußte er, daß es ihn das Leben kosten könnte, all das, was damit begonnen hatte, daß er die Schule geschwänzt hatte.

Merlin dachte nach.

Kartzan ebenso...

Gerade da kam der Schwarze Sigurd durch die Dunkelheit geflattert. Er entdeckte Jesper, der im Sand saß, und landete mit einem Plumps mitten auf seinem Schoß.

Sigurd, der gleich eine ganze Menge sicher sehr spannende Dinge sagen wollte, wurde daran von Jesper gehindert, der die Arme um ihn legte und ihn an sich drückte.

Merlin fühlte sich, als müsse er einen Pakt mit dem Teufel eingehen. Aber er war gezwungen, es zu versuchen. Er hatte eine Idee…

"Dieser Junge kann Dinge, zu denen nicht einmal ein uralter Drache wie du imstande ist, Kartzan!"

Kartzan atmete schwer bei diesen Worten. Sie wußte, daß hinter diesem Ausspruch eine schlaue List des Zauberers steckte.

Sie wartete etwas mit der Antwort, um zu überlegen, was es sein könnte. Aber während sie nachdachte, wuchs ihre Neugierde, denn Drachen sind neugieriger, als alles andere auf der Welt.

Merlin fiel das ein, gerade, als er dem Schwarzen Sigurd ordentlich den Kopf waschen wollte. Stattdessen sagte er: "Selbst dieser kleine Vogel ist dazu imstande, was der älteste Drache der Welt nie können wird..."

Das gab den Ausschlag. Der Herausforderung konnte nicht einmal ein listiger Drache wie Kartzan widerstehen. "Was ist es denn?" rumpelte sie.

Merlin lächelte und schüttelte den Kopf. "Das ist ein Geheimnis. Aber du kannst dieses Mysterium kennenlernen, wenn du mir ein Versprechen gibst."

Kartzan dachte einen langen Augenblick nach. "Welches Versprechen soll ich denn geben?" zischte sie.

"Wenn Jesper Aksel Bergmann, nach dessen Leben du so eifrig getrachtet hast, imstande zu dem ist, was du nicht kannst, dann sollst du dich auf die Dracheninsel zurückbegeben und sie nie wieder verlassen. Und er soll frei sein."

"Und wenn er es nicht kann?"

"Dann werde ich mich von einem Blitz verschlingen lassen und mich hier nie wieder sehen lassen. Und dann ist dieses Reich, Khanpur, das Drachenreich!"

Kartzan betrachtete den Jungen, der mit dem Raben auf dem Schoß dasaß. Sie versuchte, in seine Gedanken und seine Seele zu blicken. Das, nach dem sie suchte, war einen Schimmer von den gewaltigen Zauberkräften oder anderen Kräften zu bekommen, die sie übertreffen können würde, denn - der älteste Drache der Welt - war selbst im Besitz von solchen Kräften. Aber egal, wo sie suchte, fand sie nur solche, die in den Augen eines Drachens unschuldige, kleine, gleichgültige Fähigkeiten sind, die alle kleinen Jungen von elf Jahren haben. Und sie dachte, daß der Zauberkönig Merlin nicht wußte, daß alte Drachen in die Seelen von Menschen sehen können, und daß sie versuchte, sie hereinzulegen.

"Laß dann mein Versprechen gelten..." flüsterte sie endlich.

"Jetzt tu es, Fister!" flüsterte Sigurd gespannt.

" Tu was?" japste Jesper, denn er hatte keine Ahnung, was Sigurd meinte.

"Tu das, wovon Merlin gesprochen hat - das, was du kannst und Drachen nicht können..."

Jesper ging mit dem Mund ganz dicht an Sigurds Ohr und flüsterte so leise er konnte: "Ja aber, ich hab keine Ahnung was das ist, Sigurd!"

"Die größte Dummheit, die ich jemals gemacht habe," dachte Sigurd, "war, aus dem Ei zu krabbeln, als ich noch ein sehr, sehr kleiner Vogel war."

"Die Zeit vergeht," sagte Kartzan mit tiefer Stimme. "Ich kann nicht ewig warten!"

Merlin wandte sich Jesper Aksel Bergmann und dem Schwarzen Sigurd zu. Und gerade, als er sich umdrehte, lächelte er zum ersten Mal.

"Es sieht aus, als wäre es in Ordnung," flüsterte Sigurd. "Er lächelt..."

"Das, was dieser Junge kann - und was der Drache Kartzan nicht kann - ist, die Herzen anderer zu gewinnen. Er kann andere dazu bringen, sich für ihn einzusetzen, und für ihn zu kämpfen, so wie er ist - und es sind viele, die sich einsetzen..."

Mit diesen Worten hob Merlin die Arme in Richtung der Dünen.

Kartzan streckte den Hals und sah verwundert zu den Dünen und dem Strandhafer, und das, was sie sah, machte sie furchtbar wütend.

Sie wimmelten nur so hervor, alle, die sich für Jesper Aksel Bergmann einsetzten. Sie bildeten eine tausendzählige Schar, denn sie waren alle erschienen, all diese abenteuerlichen Wesen der Phantasie aller Kinder - und aus Abenteuerland, Symphonien, DOS und dem Land hinter den Nebeln.

Jesper Aksel Bergmann, der dachte, daß sie nun herausfinden würden, daß er in Wirklichkeit gar nichts konnte, und drehte sich im Sand vom Wasser weg, immer noch mit dem Schwarzen Sigurd auf dem Schoß.

Und der Anblick, der ihm begegnete, machte ihn sprachlos.

Sie waren alle da…

Das Elfenvolk mit den Löchern im Rücken und den langen, schlanken Bogen;

die MegaBytes und Gigabytes aus der Welt der Computerspiele DOS;

die Abenteuergarde aus dem Park in Abenteuerland;

das Marzipanschwein mit dem Messer und der Gabel im Rücken;

die kleinen, verbissenen Zwerge aus der Mine in Holt mit Hacken und Äxten über den Schultern;

die Drachenritter von König Lejons Hof;

Sir Gawain…

ja, selbst ein großer, zottiger Ork, der das Glück gehabt hatte, sich einschleichen zu können in der ganzen Verwirrung. Denn, wenn es etwas gab, was Orks lieber mochten, als Kinder fressen, dann war es eine gute Schlägerei, wo sie dem einen oder anderen ordentlich ein paar auf die Schnauze hauen konnten. Dieser Ork war groß und wollte jetzt zum ersten Mal einem Drachen auf die Schnauze hauen.

Der Hund mit den Augen so groß wie Teetassen kam an getrottet und setzte sich bei Merlins Füßen in den Sand.

Prinz Dur von Symphonien hielt seinem braunen Pferd auf der Spitze der höchsten Düne an.

Seine geliebte Prinzessin Isabel von Abenteuerland, die mit einem Arm um ihn hinter ihm saß, sang ein Lied über die Freundschaft - für Jesper Aksel Bergmann und den Schwarzen Sigurd.

All die wunderlichen Wesen, die am Abhang der Dünen Aufstellung genommen hatten, stimmten ein und sangen aus vollem Halse. Sie sangen die Furcht vor dem Drachen Kartzan weit weg, so weit weg, daß der alte Drachen die Augen zusammenkniff und in das Wasser hinunterschielte.

Der Hund mit den Augen so groß wie Teetassen, hob die Schnauze in den Nachthimmel und begann ein schrilles Geheul. Singen konnte er ja nicht, aber einen Beitrag wollte er doch leisten, genau wie alle anderen.

Als der Gesang zu Ende war, lächelte der Zauberer Merlin, denn er wußte, daß es geglückt war. Ganz frei von Selbstzufriedenheit war er zwar nicht, aber da Zauberkönige nie von ihren großen Taten prahlen, begnügte er sich damit, zu lächeln.

Er drehte sich langsam zu Kartzan um, und ihre Blicke trafen sich, wie die Klingen zweier scharf geschliffener Schwerter.

"Das ist, was Jesper Aksel Bergmann - und sogar der Rabe Schwarzer Sigurd leisten können..." flüsterte Merlin bewegt, denn es war ja auch ganz rührend.

Kartzan holte schwer Luft und zischte. Ihre glühenden, tauben Augen bekamen wieder diesen blanken Glanz, weil der Zorn durch ihre Gedanken schoß.

Aber Merlin hatte das erwartet und es kommen sehen, und streckte abwehrend die Arme zu den Sternen.

"Nie hätte ich geglaubt, daß ich erleben muß, den alten Drachen Kartzan zu sehen, den ältesten von allen, wie er vor den Augen von so vielen sein Versprechen bricht..." Das waren die Worte des Zauberkönigs, und die hatten Gewicht.

Kartzan seufzte und schlug rasend eine mächtige Klaue ins Wasser hinunter, sodaß es über den Strand brodelte und schäumte.

Der Schwarze Sigurd wurde naß und krächzte auf, aber keiner hörte es. Wenn der alte Drachen am Schluß eines Abenteuers spricht, gibt es keinen, der auf kleine, röchelnde Vögel achtet.

"Ich gebe nichts auf all diese Treue von Abenteurern," murmelte Kartzan schlau. "Dieser Junge ist ein Mensch, und darum muß es ein Mensch sein - und kein Wesen aus Abenteuern - der ihn befreit."

Eine Totenstille senkte sich über den Strand. Nun hörten sie wieder das schwache Sieden von Glut, die aus Kartzans Kiefer tropfte, Merlin stand wie versteinert, denn er sah ein, daß der alte Drache dabei war, ihn zu überlisten.

Jesper sah mit flehenden Augen zu ihm auf. Merlin erwiderte seinen Blick, aber es war fürchterlich deutlich, daß das meiste, was seine Augen ausdrückten, Mitleid war.

Sigurd fiel etwas ein.

Er flatterte auf, setzte sich auf Merlins Schulter und flüsterte ihm etwas ins Ohr. Merlin lächelte jetzt zum zweiten Mal, worauf er sich bückte und dem Hund mit den Augen so groß wie Teetassen etwas ins Ohr flüsterte.

"Ich warte..." rumpelte Kartzan, und warf einen sehnsüchtigen Blick über das Meer auf den feurig goldenen Schein über der Dracheninsel.

Der Hund mit den großen, schönen Augen verließ sie und jagte über die Dünen fort. Und es stimmte allerdings, daß dieser Hund schnell war - denn in weniger Zeit, die es braucht, um zweimal mit den Augen zu plinkern, hatte er die Strecke ganz über die Ebene und durch den Tunnel in den Wald zurückgelegt, wo er Henrik im Regen sitzend vorfand, oben auf einem Baum.

"Bist du Henrik?" fragte er mit seiner schläfrigen Stimme.

Henrik nickte hinter der Brille. " Ja," antwortete er verwirrt, " ich hab' nie anders geheißen."

"Dann setz dich auf meinen Rücken," bellte der Hund. Es ist keine Zeit zu vergeuden."

Henrik tat wie er befahl und ab ging es, zurück durch den Tunnel und fort über die Ebene, zum Strand am Meer, gerade vor der Dracheninsel in Khanpur.

Es war der seltsamste Anblick, den er je gesehen hatte. Er wußte ja nicht, was vorgegangen war. Aber als er den enormen Drachen entdeckte, der am Ufer lag, mit den Flammen, die um seinen Kiefer leckten, verstand er besser, warum alle so still waren. Dann entdeckte er Jesper, und als der Hund stehenblieb, lief er zu ihm hin und warf sich in seine Arme.

"Da siehst du..." bemerkte Merlin trocken; als ob all dies die ganze Zeit beabsichtigt war, und sie nun glauben sollten, daß er die ganze Zeit die Situation unter Kontrolle gehabt hatte.

"Ich..." begann Kartzan, während ihr Blick über den Strand fegte. "Ich..." polterte sie wieder und versuchte, Zeit zu gewinnen.

"Wir können hier nicht ewig warten," sagte Merlin sanft - die gleichen Worte, die Kartzan selbst gebraucht hatte, vor gar nicht so langer Zeit.

Kartzans Blick blieb bei Trefino stehen, dem falschen Zauberer von König Lejons Hof. "Auch ich kann jemanden finden, der sich auf meine Seite stellt - und ich brauche bloß einen, denn das war ein Teil der Abmachung."

Merlin betrachtete Trefino und das Lächeln verblich einen Augenblick.

Kartzan hob eine Klaue aus dem Wasser - eine Klaue so groß wie das Stadttor von Khanpur. Sie zeigte auf Trefino mit Krallen, die so lang und zerkratzt wie Lanzen waren.

"Du bist einen Pakt mit mir eingegangen. Du stellst dich auf meine Seite, und deine Belohnung wird grenzenlos sein."

Trefino, der wie versteinert mitten am Strand stand, schrumpfte unter Kartzans Blick. Er starrte in die glühenden, gebrochenen Augen, während der Schrecken sein Gesicht in eine wahnsinnige Maske verwandelte. Er erinnerte sich an das Ende der jungen Drachen, und wußte, was denen zustieß, deren einziger Freund auf der Welt ein Wesen wie Kartzan war.

"Nein!" schrie er und hielt schützend die Hände vor die Augen.

Es senkte sich eine atemloses Schweigen über den Strand. Es war, als ob selbst das Meer seine Stimme verloren hatte und ohne einen Laut an den Strand spülte.

Kartzans Augen leuchteten böse, wie ein Strom aus glühender Lava, tief in den schweren Hautfalten.

"Hüte dich!" drohte sie mit rauher Stimme.

Plötzlich war es für alle deutlich. Trefino stand mutterseelen-alleine am Strand, ein Stückchen weg von den Tausenden, die die Dünen bevölkerten. Gerade die Einsamkeit erfüllte ihn mit dieser bodenlosen Furcht vor Kartzan. Er hatte keine Freunde, keine, die nahe bei ihm standen und ihn stützten und aufmunterten, während er gleichzeitig sie aufmunterte - und das war doch gerade das, von dem all dies handelt.

Trefino drehte sich um und lief weg, den Strand hinunter.

Während er rannte, schrie er laut, denselben Schrei, den die jungen Drachen in ihren Kehlen gehabt hatten, als sie sich von Jungen in Drachen verwandelten und fortflogen, um ihrem Tod in Khanpur zu begegnen.

"Hüte dich!" Kartzans Ruf rollte wie Donner durch die Dunkelheit auf Trefinos Spuren.

Er blieb nicht stehen. Er rannte in wilder Flucht weiter, mit dem Mantel, der um ihn herumflatterte, ohne daß er einen Ort hatte, wo er hinlaufen konnte.

Wieder machte Kartzan einen Buckel; wie eine Katze, die sich vor dem Sprung krümmte. Aber sie war keine Katze. Sie war der gewaltigste und herzloseste Drachen der Welt.

Sie erhob sich aus dem Meer, wie ein Berg, der vor ihren Augen aus den Wellen schoß.

Selbst Merlin, der Zauberkönig über alle Zauberkönige, trat einen Schritt zurück und starrte einen Augenblick mit Ehrfurcht auf diesen enormen Körper.

Dann krümmte sie sich zusammen, während sie zischend die Luft aus ihren Lungen leerte. Eine Flut aus Feuer ergoß sich in die Dunkelheit am Wasser entlang. Und alle, die dort ganz sprachlos standen und warteten, hörten Trefinos Schrei weit weg am Strand, wo die Flammen ihn einholten und verbrannten.

"So geht es jemandem, der einen alten Drachen betrügt!" stöhnte Kartzan, und ließ sich wieder ins Wasser gleiten.

"Vielleicht vermagst du darum nicht, was dieser Junge kann," bemerkte Merlin schroff.

Kartzan richtete ihren glühenden Blick auf Jesper Aksel Bergmann und betrachtete ihn einen Augenblick. Darauf sah sie zornig auf Henrik und den schwarzen Sigurd. Zuletzt warf sie einen Blick über die Dünen und sah dann wieder zu Jesper.

"Erzähl mir doch, wie du das anstellst..." polterte sie fast sanft.

Jesper sah Merlin unsicher an, der ganz ruhig an seiner Seite stand. Merlin nickte ihm freundlich zu, als Zeichen, daß er ihr eine Antwort geben sollte.

"Das ist einfach so," flüsterte Jesper Aksel Bergmann. "Das ist ja nicht etwas, was man tut; es ist einfach da, auf die eine oder andere Weise."

"Auf die eine oder andere wunderbare Weise," seufzte Sigurd hingerissen.

"Wenn man das auf Video aufnehmen könnte..." dachte Henrik bei sich.

"Hmmm..." Kartzan studierte ihn lange.

Prinz Dur begann hoch oben auf der höchsten Düne zu spielen.

Prinzessin Isabel sang für sie ganz leise. Es wirkte richtig unwirklich, Mitleid mit so einer einsamen Seele zu haben, statt der Furcht vor einem so gewaltigen Körper.

Sie stimmten ein, erst nur flüsternd, alle die, die um sie herum standen. Dann wurden sie mutiger und sangen lauter und deutlicher, bis der Gesang die Luft erfüllte und den Lärm und das Donnern der Brandung übertönte.

Sie lachten und nahmen einander bei den Händen und Klauen und was sie sonst noch hatten, denn sie fürchteten gar nichts mehr. Sie waren so viele, das gab ihnen Mut. Zuletzt drehten sie sich alle um und wanderten fort in Richtung auf die Berge.

Immer noch sangen sie dasselbe Lied, ein Lied über Freundschaft, während sie gingen.

Mitten in dieser ganzen Prozession ging Henrik - und Jesper Aksel Bergmann, mit dem Schwarzen Sigurd auf der Schulter.

Sie wanderten unter den Sternen davon.

Als sie die Ebene erreichten, stimmte das Elfenvolk mit ein.

Sie hatten klare und feine Stimmen, diese Leute mit den Löchern in den Rücken.

Sir Gawain und Sir Lanzelot und die Ritter um König Lejons Tafel bildeten einen Kreis um sie, wohl, weil Ritter nun einmal so sind. Denn wahre Ritter sind Beschützer, selbst, wenn keine Drachen mehr da sind, vor dem sie das Volk beschützen könnten.

Der Zauberkönig Merlin wanderte energisch zwischen Henrik und Jesper. Während er lief, spähte er nach allen Seiten, als ob jemand fehlte.

Jesper fiel plötzlich Archimedes ein - Merlins kluge Eule, die sich noch nicht gezeigt hatte.

Befreit

Kartzan lag allein am Strand, mit ihrem gewaltigen Kopf schwer im Sande ruhend. Sie atmete heiser aber leise, denn sie lauschte dem Gesang von der Ebene, der immer noch ihr Ohr erreichte. Die glühenden, gebrochenen Augen sahen zu den Dünen, wo sie gestanden hatten. Dann seufzte sie tief und bewegte ihren Kopf, der eine tiefe Furche durch den Sand zog.

Sie dachte an den Jungen, Jesper Aksel Bergmann, und fühlte sich ganz leer - im tiefsten Innern ihrer Seele. Er hatte gewaltige Kräfte, dieser Junge. Darüber war sie nicht einen Augenblick im Zweifel.

Als der Gesang langsam entschwand, im Takt dazu, wie sie sich über die Ebene entfernten, lag sie immer noch da.

Zum ersten Mal fühlte sie sich allein, ganz fürchterlich allein. Vielleicht, dachte sie, war sie es immer gewesen, und hatte nur früher nie darüber nachgedacht. Und sie spitzte die Ohren und lauschte, als ob sie den Gesang daran hindern wollte, aufzuhören.

Sie erreichten die Abhänge der Berge noch während es Nacht war.

Sie folgten Jesper und Henrik und dem Schwarzen Sigurd ganz bis zur Einmündung des Tunnels hoch über der Ebene.

In der Öffnung drehten sie sich um und warfen einen letzten Blick zurück. Sie hatten sich von ihnen allen zusammen verabschiedet, bei jedem einzelnen.

Das Schwein aus Marzipan, mit dem Messer und der Gabel im Rücken, hatte ein Stück von sich selbst in ihre Taschen gesteckt. So hatten sie ein bißchen für den Heimweg, hatte es gesagt, und das war doch sehr bedacht.

Der Schwarze Sigurd hatte es nicht so eilig mit dem Verabschieden, denn er sollte sie ja alle zu Hause in Abenteuerland wiedersehen.

Sie winkten und liefen in das schwarze Loch, das den Tunnel durch den Berg bildete. Den ganzen Weg zurück liefen sie und lauschten ihren eigenen Schritten, die hohl zwischen den feuchten Felsen dröhnten.

Die Zwerge aus den Minen von Holt hatten den ganzen Weg Fackeln aufgehängt, sodaß sie sehen konnten, wohin sie ihre Füße setzten.

Erst, als sie fast ganz draußen im Wald von Holte waren und durch das windschiefe Haus gingen, konnten sie die Konturen der Bäume draußen schwach erkennen. Sie traten durch das hinaus, was einmal eine Tür gewesen war - bevor Sir Gawain auf der Bildfläche erschienen war - und dort entdeckten sie Archimedes, der feucht und verfroren auf einem Baumstumpf saß und wartete.

"Warum sitzt du denn hier?" fragte Jesper. "Warum bist du nicht zu uns anderen gekommen?"

"Ich... Ich konnte es einfach nicht aushalten," flüsterte Archimedes. "Ich versuchte, auszurechnen, wie ich dich retten könnte. Ich bin mein Gedächtnis durchgegangen, alle mathematischen Formeln, die ich kenne, all die Physik, die in meinem Gehirn ist, aber ich fand keine Antwort. Und dann blieb ich hier, am meisten, weil ich weder ein noch aus wußte."

Archimedes starrte sie verständnislos an. "Wie habt ihr es geschafft?" fragte er verwundert.

"Ooohhh," antwortete Jesper Aksel Bergmann mit einem breiten Grinsen und legte den Arm um Henrik. "Es gibt auch noch was anderes als Mathematik, Physik und Hausaufgaben in diesem Leben, Archimedes." Und dann lachten Henrik und Jesper und der Schwarze Sigurd, sodaß es zwischen den Bäumen dröhnte, während Merlins kluge Eule den Kopf schüttelte, weil sie das nicht begriff. Aber froh darüber, daß es gut geendet hatte, das war sie.

Als Henrik dann begann, sie etwas über Mathematik zu fragen, wußte Jesper, daß es jetzt Zeit war, nach Hause zu kommen. Und bevor sie noch mehr davon reden konnten, nahmen sie Abschied von Archimedes, der, wie Jesper sich einbildete, von Merlin gesucht wurde.

Wieder zu Hause

Sie gingen durch den Wald, mitten im Regen, der immer noch herunterströmte.

Während sie liefen, teilten sie einen großen Klumpen klebriges Marzipan, das Jesper in seiner Tasche fand.

Und etwas später, mitten auf einem stillen Weg zwischen den Villen in Holte, trennten sie sich und gingen jeder zu sich nach Hause.

Eigentlich wollten sie über alles, was geschehen war, reden und quatschen, aber sie waren zu müde - viel zu müde, für irgendetwas anderes als schlafen.

Jesper Aksel Bergmann schlich sich durch das Haus, wo er und der Schwarze Sigurd seine Eltern auf dem Sofa sitzend und schlafend fanden.

Sie saßen so süß mit den Armen umeinander und einem fürchterlich sorgenvollen Ausdruck in den Gesichtern da. Sie waren immer noch in ihre feinste Ausgehkleidung gekleidet, und Jesper überlegte nun, daß sie wohl gestern gar nicht zu Hause gewesen waren, als er nicht von der Schule kam.

Er überlegte auch, daß er selbst das Essen warm machen könnte, das für ihn hingestellt war.

Und zum Schluß dachte er, daß sie ja streng genommen gar nicht zu wissen brauchten, wo er gewesen war, und was er gemacht hatte. Er spekulierte einen kurzen Augenblick, ob er sie wecken sollte - aber Sigurd schüttelte den Kopf. Er wußte genau, was geschehen würde, wenn sie erwachten. So endete es damit, daß Jesper ins Bett krabbelte, ins große Doppelbett seiner Eltern, während Sigurd auf der Decke saß und ihn anstarrte. Erst als er schlief, verließ er ihn und reiste durch den Traum nach Abenteuerland, wo er zu Hause war.

Etwas später erwachten Jespers Mutter und Vater, und groß war ihre Verblüffung, als sie ihn in ihrem Bett schlafend fanden.

"Dann war er doch schon zu Hause," flüsterten sie und schüttelten über sich selbst den Kopf, sie mußten ihn übersehen haben und waren deshalb so fürchterlich unruhig gewesen, ganz ohne Grund.

Sie gingen in Jesper Aksel Bergmanns Bett zur Ruhe und flüsterten miteinander, daß er ja nicht zu wissen brauchte, wie verrückt sie sich benommen hatten.

Henrik, der einen genauso guten Grund hatte, müde zu sein, pflanzte die Rose des einsamen Königs in den Balkonkasten, bevor er sich schlafen legte.

Seine Mutter, die im Zimmer nebenan lag und schlief, wachte davon auf, daß er herumraschelte. Sie schlich sich zu ihm hinein, um zu sehen, womit er so früh am Morgen so beschäftigt war. Als sie die Tür öffnete lag er in seinem Bett und atmete tief, wie man es tut, wenn man fest eingeschlafen ist.

Sie war gerade dabei in ihr warmes Bett umzudrehen, als etwas ihre Aufmerksamkeit erregte. Sie näherte sich langsam und traute fast ihren eigenen Augen nicht.

Es war ein Buch, ein dickes, ledereingebundenes Abenteuerbuch, das oben auf Henriks Stuhl lag, mitten auf einem Haufen nassem Zeug, von dem es auf den Fußboden tropfte. Aber das, was sie ernsthaft dazu brachte, die Augen aufzusperren, waren die Buchstaben auf dem dicken Umschlag des Buches.

"Abenteuer und Fabeln aus aller Welt" stand da, mit Buchstaben die brodelnd und leuchtend im dunklen Zimmer brannten. Es war, als hätte das Buch so starke Kräfte, die sie gar nicht fähig war, sich vorzustellen. Sie stand lange da und sah abwechselnd auf das brodelnde Buch auf dem nassen Zeug und auf den Jungen, der so süß hinten beim Fenster im Bett lag und schlief.

Sie schlich sich zurück in ihr eigenes Bett, wo sie erst einschlief, als die Sonne aufging und ihre ersten Lichtstrahlen über die Dächer von Holte warf.

Es sollte sich als gute Idee erweisen, daß er die Rosen in den Balkonkasten gepflanzt hatte.

Denn als es Henriks Mutter endlich glückte, ihn wieder zum Leben zu erwecken, spät am Vormittag, war der ganze Balkonkasten voll von tiefroten Rosen, die über das Geländer wogten und den verzaubernden Duft in die Stube strömen ließen.

Sie fragte ihn, wie das alles gekommen sein konnte und wieso und warum.

Aber Henrik, der in einem Augenblick der Schwäche versucht war, ihr die ganze Geschichte zu erzählen, dachte sich zum Schluß, daß es wohl nichts nützte. Warum sie mit etwas belästigen, daß sie sowieso nicht verstand.

Jesper Aksel Bergmann wachte nicht auf - er wurde mit Gewalt und Macht ins Leben zurückgerissen. Seine Eltern konnten es gar nicht fassen, denn er hatte zehn Stunden geschlafen, sagten sie.

"Du bist der verschlafenste Junge, den ich kenne," erklärte sein Vater verwundert.

"Nee, als ich ein Junge war..." Den ganzen langen Vortrag bekam Jesper zu hören, wie hart es war ein Junge zu sein, damals vor tausend Jahren, als sein eigener Vater ein Junge war und morgens früh raus mußte.

Seine Mutter machte ihn etwas unruhig, als sie fragte, warum er sich nicht in sein eigenes Bett gelegt hatte. Aber er band ihr einen Bären auf - und das war nicht, um zu lügen, dachte er bei sich selbst - sondern über manche Dinge hier im Leben sollten Eltern am besten nicht Bescheid wissen. Alles in allem genommen war es meistens ihre eigene Schuld.

Seine Mutter lachte und scherzte. Es wäre ein ganz gefährliches Gewitter die ganze Nacht gewesen, sagte sie. Himmel und Erde wären eins gewesen - und er hatte das Ganze verschlafen.

In der Zeitung stand etwas von kleinen grünen Wesen vom Mars, die früh am Morgen aus dem Wald in Holte gewimmelt waren. Aber glücklicherweise waren sie alle auf einmal vom Blitz getroffen worden und waren verschwunden.

"Wenn die wüßten," dachte Jesper Aksel Bergmann und gähnte.

Als er diesen Abend ins Bett sollte, nachdem ihm das erste Mal überhaupt die Hausaufgaben Spaß gemacht hatten, bekam er doch einen kleinen Schock. Denn gerade als er aus dem Badezimmer kam, schloß seine Mutter die Haustür und ging in die Stube, mit einem runden Paket aus braunem Papier in den Händen.

Sie blieb stehen und sah ihn an. "Das ist für dich," sagte sie und wog es in den Händen. "Es war gerade einer da, der es abgeliefert hat."
Jesper ging zu ihr hinüber und nahm es. "War es ein Junge?" fragte er. Sie nickte langsam.
"Wie sah er aus?"
Sie wirkte fast merkwürdig. Sie zuckte erst mit den Schultern, dann antwortete sie: "Er rauchte eine Zigarette und spuckte auf den Gartenweg, als er ging. Aber das merkwürdigste an ihm waren doch die Augen, sie waren..."
Jesper Aksel Bergmann hörte nicht mehr zu. Er rannte zur Haustür, riß sie auf und stürmte den Gartenweg hinunter.

Er schaffte es gerade noch einen Schimmer von ihm zu sehen, bevor er im Wald verschwand.

Gerade während er durch die äußersten Bäume ging, drehte er sich um und sah zurück. Er hatte sie schon einmal gesehen, die Augen. Aber sie waren schon milder jetzt, wo sie einem Jungen gehörten. Er eilte hinein und packte die Rolle aus.

Es war ein Bild. Er hängte es über sein Bett, und soweit man weiß, hängt es noch immer Tag für Tag dort.

Das Bild eines Drachens. Ein gewaltiger, großer Drachen der auf dem höchsten Felsen auf einer Insel im Meer lag.

Sein schuppiger Rücken türmte sich gegen den Himmel und die Klauen hielten sich am Felsen wie lange zerkratzte Lanzen. Auf dem Bild ragten seine gelben Zähne wie krumme Messer vor seinem blutroten Rachen. Nur die Augen waren anders, als man erwartet hätte. Denn obwohl sie in einem gebrochenen Muster fast wie Marmor glühten, so starrten sie von der Insel fort - in ein Land, wo andere lebten, unter denen er nie sein konnte. Er starrte sehnsuchtsvoll aus dem Bild, in dieses Land und auf den, der das Bild betrachtete.

Und die Augen, die vorher so böse, so böse, so böse waren - waren nun voller Einsamkeit.